DISCOVER
LIBRARY
2004

ディスカバー図書館2004の記録

日時——2004年5月29日・土曜日

場所——明治大学アカデミーコモン アカデミーホール

ディスカバー図書館2004
図書館をもっと身近に暮らしの中に

社団法人日本図書館協会

ディスカバー図書館2004　図書館をもっと身近に暮らしの中に　／　日本図書館協会編集　―　東京
：　日本図書館協会，　2004，　―　p.144　；　19cm，　―　ISBN4-8204-0434-2

t1．ディスカバー　トショカン　2004　トショカン　ヲ　モット　ミジカ　ニ　クラシ　ノ　ナカ
ニ　a1．ニホン　トショカン　キョウカイ　s1．図書館　①010

目次
DISCOVER LIBRARY 2004/CONTENTS

はじめに

日本図書館協会は一一〇年余の歴史を持っています。その間、日本図書館協会は図書館の発展と振興に努めてきました。一九五〇年に図書館法が施行されましたが、その日を記念して、四月三〇日を図書館記念日、そしてその後に続く五月を図書館振興の月として活動を続けております。

このたび、文部科学省と共催で、この図書館振興の月に、図書館利用者と図書館関係者に呼びかけて「ディスカバー図書館二〇〇四　図書館をもっと身近に暮らしの中に」というイベントを企画いたしました。このような企画を文部科学省とともに開催することははじめてのことで、これからの図書館の発展振興に大変意義深く、また心強いことと考えています。

今回のテーマ「図書館をもっと身近に暮らしの中に」は、日本図書館協会がここ三〇年来掲げてきた標語で、すべての自治体に図書館を設置してほしいという思いをこめたものですが、さらに広く周知されることを望んでいます。

今、私たちの暮らしの中に、読書環境を整え、保証することは急務な課題といえましょう。

最近、「家族で図書館を利用したら家庭が明るくなった」ということまで聞かれるようになりました。このことは、図書館が家族の復権にまで影響を与えるほど暮らしの中に浸透してきているからだ、といえるでしょう。ところがそれは、まだまだ一部の自治体でのことです。なぜなら、現在まだ五割近くの市町村で図書館を持っておらず、図書館の恩恵に与かれない人たちがたくさんいるという現状があるからです。図書館の設置率が早い時期に一〇〇パーセントになるよう、乳幼児から高齢者にいたるまで誰でも図書館が使えるよう、そして図書館のない生活なぞ考えられない、というような日が一日も早くやってくるように願っています。

近年、高度情報化、少子高齢化社会の急激な進展など、市民生活を取り巻く環境が大きく変化してきています。それとともに、図書館でも利用者のニーズが多様化、専門化してきました。生涯学習の拠点として、自己実現や心の豊かさあるいは課題解決を求める利用者の願いに応えるためのサービスの向上といったことに努めております。

働いている人たちや新しいビジネスを始めようとする人たちに役立つ情報の提供などの試み。乳幼児、児童、小中高校生や大人の方々、高齢者、障害者、日本に生活する外国人の方々など、それぞれの利用者に応じた情報の提供や利用案内やレファレンス・サービスなどの提供をしてまいりました。

こういったことを促進する上では図書館予算の充実と共に図書館の情報化は不可欠なもの

です。いわゆるディジタル図書館の実現であります。大学図書館や研究図書館では着々と取り組みが進んでいますが、これが公共図書館でも徐々に実現の方向に向かっています。

このたびこの「ディスカバー図書館二〇〇四」の内容は非常に充実したものでありましたので、これを活字にしてさらに広く図書館の普及に資するため出版することといたしました。図書館利用者の理解を深め、図書館のさらなる発展の契機になることを願っています。

最後に今回のイベントの会場となったアカデミーコモンを快くご提供いただきました明治大学に厚く御礼を申し上げますとともに文部科学省のご理解に深く感謝申し上げます。

社団法人日本図書館協会会長　**長尾　真**

写真：

基調講演——

知的立国を図書館から

鳥取県知事 片山善博

皆さんこんにちは。ご紹介いただきました鳥取県知事の片山でございます。今日は皆さんにこうして私の話を聞いていただく機会を与えられましたことを大変光栄に思います。

「知的立国を図書館から」というテーマでお話をさせていただきたいと思っておりますが、私はこれからの日本は知的立国を目指さなければいけないと思っております。資源も少ない日本であります。何が一番の資源かといえば私は人材だと思います。その人材ひとりひとりを育て、そのひとりひとりが大きく才能を伸ばす。そして地域社会や他者に貢献する。こういう知的立国を目指さなければいけないと思っております。そのためには政府にも頑張ってもらわなければいけませんが、私のように地方で行政を預る者としても、それぞれの現場で知の地域づくり、知を大切にする地域づくりをしなければいけないと思って、県政に当たっているところです。

そのためには、たとえば教育が重要であることは申すまでもありません。同時に図書館というものが知の地域づくりには欠くことのできないインフラだといってよいと思います。それは物的施設としての図書館だけではなく、その中で図書館を支える司書を中心とするスタッフの皆さん、人的資源が重要であります。そういう人的、物的施設としての図書館をしっかりと地域で支える行政や政治でなければいけない。図書館のあり方を論ずる場合には、地域の政治や行政のあり方も当然点検を加えられなければいけないわけであります。そしてその政治を、行政を支えるのは、市民、住民の皆さんの力によるわけで、市民、住民の皆さんのあり方も、実は問われることになるのだと思います。そんな話をさせていただきたいと思います。

読書は「知」の源泉

最初に私事から始めますが、私は本が大好きです。こういった仕事をしておりますとどうしても時間が制約されますので読書量は、昔に比べますとずいぶん減りましたが、それでもまだある程度の読書量は維持しているつもりです。本が好きでいろいろな本を読んでまいりましたけれども、政治行政に携わっておりますと、本が好きで本をたくさん読んできたということが、大変ありがたいことだと思っております。

政治を行う上で何が武器かといいますと、言論であります。説得力であります。もちろん誠実さとか公正さとか透明性を大切にするという、そういう資質は伴わなければいけませんけれども、言論によってどうやって人を説得するかということが一番問われるわけです。金の力とか腕力とか、そういうものは私にはありませんし、また仮にあったとしても、そういうものは使ってはいけませんので、政治は言論によります。その言論を支えるのは、やはり私は、一つは知識であり、教養であり、そこから生まれる判断力、推論する力だろうと思います。それらは総じて読書によって支えられているのではないかと自らを振り返りそう考えております。私が小さい頃から本が好きになったというのは、両親の影響かも知れません。そういう点で子どもの頃の家庭環境などにも感謝をしているところであります。

本を読むということはやはり考えることです。単に知識を吸収するだけ、自分の知識を増やすことだけではなくて、その本と対峙をして真剣に考えること。それは同調することもありますし、批判的に読むこともありますが、いずれにしても考える力を養うことは間違いないと思います。

たとえば自然科学の場合でも、科学的な知識、技術開発、研究開発にしても、基礎はやはり書物を読む、資料をきちんと自分のものにする、そういう資質や能力が大きく問われるのだろうと思います。本を読み、いろいろなことを創造する、その基礎にもなると思います。何かの仕事を起こす、ビジネスを起こすということも、これも基礎は本を読む、データを自らのものにするということがあって初めて成功するのではないかと思います。文化、芸術にしてもしかりだと思います。いずれにしても本を読むということはあらゆる分野の基礎だろうと思います。

読書と生涯学習

今生涯学習ということが大切になっております。読書というのも生涯学習の大きなテーマの一つであることは間違いないと思います。私自身にとりましても、本のない生活というのは現在でも考えられませんし、いずれ老後を迎えますけれども、老後の生活を考えた場合も本がないということは考えられないことであります。

先ほどちょっと申し上げましたけれども、本を読む時間は今のような仕事をしておりますとどうしても制約されます。それでもどかしさとか、少し無念さを感じることもあります。知事という仕事をしておりまして、本当に一生懸命この仕事をしますと、手応えも十分あります。ですから、この仕事に本当に真剣に自分なりに取り組んでおり、そして自分なりに満足をしておりますが、その中でも多少不満があるということを挙げさせていただければ、昔に比べたら読書量が減ったということはあります。

「一日として読書せざれば口中に荊棘を生ず」という言葉があります。これは韓国の安重根（アン　ジュングン）という人が書に書いたものであります。安重根というのは、わが国の伊藤博文を暗殺した人であります。いろいろな評価がありますが、この人は大変な教養人であり、また読書人で、キリスト者でありました。この人が犯行後獄中でいろいろな書を残しております。その書が日本にあるのですが、その中の一つが今申し上げました。これは全部漢文で書いてあり、それを読み下せば「一日として読書せざれば口中に荊棘《けいきょく》を生ず」一日として本を読むことがなかったら、口の中に棘《とげ》や荊《いばら》があるかのように気持ちが悪くて仕方がないという言葉であり、私もたまに丸一日、本に接することがないという日もないわけではございません。そういう時に、この言葉を頷きながら思い出す次第であります。いずれにしても、読書というのは我々の人生、日々の生活から欠くことのできないものであるということであります。

子どもと読書と図書館

読書を習慣づけられるかどうかは、小さい頃からの生活習慣に大きくかかっていると思います。それは、私自身が本好きなのは、小さい頃に、両親とも教員でしたが、その両親から与えられた家庭環境というものが大きく影響したのではないかと、今にして思うのです。私の子どもたちをみておりましても、同じような考え方を持ちます。先ほどご紹介いただきましたように、私は子どもが六人おります。一番下の子どもが中学校三年生になっておりますが、今までずっと長い間小さい子どもを育ててまいりました。やはり小さい子どもの頃からそれぞれの子どもに本が好きになってもらいたいという親としての願いもありましたので、私と妻とで本の読み聞かせなども行ってきました。それから私自身、図書館が好きなものですから、日曜日、休日など図書館に行く時に必ず子どもを連れて行ったりしておりました。したがって、総じて六人の子どもたちは本が好きになってくれております。

ただ、どうしても六人いると差が出てきます。めっぽう本好きな子ども、それから必ずしもそうではない、本が嫌いなわけではありませんが、そんなに本の虫ではない子ども、こういう分かれ方をします。何が違うのだろうか、持って生まれたものだろうか、ひょっとしたらそうかも知れませんが、私には思い当たる節があります。それはどういうことかといいますと、これまで長い間仕事をしてまいりまして、いろいろなところを転居しました。そうしますと、その地域、地域で図書館環境というものが変わってきます。もう一つは私自身の仕事。これは中央官庁の仕事をしたり、地方の県庁に出向したりという仕事をしておりましたが、大変忙しいときとそうでないときとがあります。忙しい時はあまり図書館に子どもを連れていけない。行きますが、その回数は限られてくる。こういう事があります。

どうも、今申し上げた二つの要素、地域における図書館環境の違い、それから私自身の仕事の繁閑、忙しいときと暇なとき。これによって私の六人の子どもたちは、本がめっぽう好きになった子どもと、そうでない子どもと別れたのではないか。図書館環境のよいところで、私が比較的時間に余裕があって毎週のように図書館に連れて行った子もいます。その子は本がすごく好きです。でも本当に忙しくて、なかなか思い通りに図書館へ連れて行けなかった子というのは、そんなに本が好きではない。こんな違いが出てきており、一人や二人のお子さんだけだと、なかなかそういう分析や証明はできないと思いますが、私の場合は六人もおりますから、比較検討ができまして、サンプル数は少ないのですが、私なりのそういう結論を一応自分なりに持っております。

いずれにしても、図書館環境がよいことに越したことはない。それから親は子どもの将来を考えたら、子どもが本に親しむような、本に接するような、そういう機会をできるだけつくってあげることがよいのではないかというのが私の子育てを通じての感想であります。

したがって、身近なところに図書館があるかどうかは非常に重要であります。特に小さい子どもが図書館に親しむということになりますと遠方では行けません。身近なところに本当に図書館が備わっているかどうか、これが大切であると思います。

学校図書館に司書を

子どもが大きくなりますと学校へ行きます。学校における図書館の環境というのも非常に重要だと私は思います。いかがでしょうか、皆さんの地域の学校、小学校、中学校、高等学校がありますけれども、学校の図書館環境というのはちゃんとそろっているのか、いないのかという点検をしてみる必要があると思います。

私は、我が子を通じて学校の教育環境、なかんずく図書館環境というものはよくみてまいりました。やはり地域によって差はありますが、学校図書館というものが非常に大切にされているという印象は、従来あまりありませんでした。

子どもが調べ学習をして発表をするという機会が学校ではあります。それを聞いておりまして、ある時ちょっとびっくりしたのですが、グループごとに調べ学習、一つのテーマで調査・研究をするのですが、発表する人が皆一様に同じくだりを読むのです。いろいろなことを調べればいろいろな発表があってもいいのに、皆が同じくだりを読みあげる。なぜだろうかとあとで子どもに聞いてみました。このテーマに関する本は学校の図書館の中には一冊しかない。ですから、皆がそれを手に取って、そのくだりを写して、皆が次々と同じことを発表する。先生はそれに対して、すべてによくできましたというものですからちょっと私は違和感を覚えました。これはあまり学校図書館というものが大切にされていないな、質的にあまり充実していないな、それから指導者もいないな、導く人がいないな、というのが、私なりの子どもを通じての経験でした。

私は学校図書館は非常に重要だと思います。どこでも学校図書館はありますけれども、あまり大切に扱われていないところが多いのではないかと思います。確かに本はあります。冊数も何冊といって統計上は出てまいります。しかしよく中を見たら古い年鑑とか、今の子どもたちの調べ学習には役に立たないようなもので書庫が埋まっていて、それが冊数に数えられていないかどうか、そんな点検をしてみる必要もあると思います。子どもたちに本の楽しさを教える、導きをする人がちゃんといるかどうか。

部屋があって本があれば子どもがそこに飛び込んで来る、今はもうそんなものではありません。本よりももっと魅力のあるものが巷に溢れています。家庭にも溢れています。テレビ、パソコンのゲーム、最近では携帯電話、そんなものに子どもは関心を示して、自然体でいますと、子どもが図書館に駆け込むということは稀であります。やはり人為的にいわば戦略的に子どもたちに本を読む楽しさ、本を通じて知る喜び、本を通じて心を豊かにする、一生を豊かにする。そういうことをちゃんと子どもに教え導く係の人が私は必要だろうと思います。それが学校図書館であれば、その学校図書館の司書であり、それから教諭の中の司書教諭としての資格を持っている人、もちろん一般の教員の皆さんも大切な役割を果たしてもらわなければなりませんが、特に司書の役割、司書教諭の役割というのは重要だろうと思っております。

ところが調べてみますと、なかなか学校図書館に司書はいません。いても非常勤というところが多いです。非常勤でも、もちろんいないよりはよいのですが、私は今鳥取県内で高等学校の司書の皆さんを常勤にしましょうという取り組みをしています。県立高校ではすべて、一部新設高校は一校だけまだですが、あとは全部学校図書館の司書はこの二年の間に常勤化しました。現在市町村にも小中学校の学校図書館の司書を常勤化してくださいとお願いしております。なかなか財政難という事情もあるのか思い通りにはいっておりませんけれども、そういう取り組みをしております。

なぜかといいますと、子どもたちの学校図書館の環境を整えてあげようと思いますと、現場をちゃんと責任を持って把握をして管理をする人が必要です。しかもその人は一定程度の発言権を持っていなければいけません。たとえば、教職員の皆さんとの会議に出席をして、ちゃんと学校図書館のありさまとか課題とかをそこできちんと訴える機会が与えられているかどうか。多分、非常勤の皆さんだと与えられないと思うのです。職員会議に出る資格が無い。それでは困るのです。

それから、これは学校図書館だけではありませんが、司書の皆さんというのは、いわば知というものを下支えする大変重要な役割を持っておられます。そういう職にある人が誇りを持って、尊厳を持って、自信を持って仕事をする環境をつくってあげなければいけない。そんなことを考えて、学校図書館の司書がいないところはちゃんと置いてください。そして、それも非常勤ではなく、常勤で配置をしましょう。そして正当な発言権を持ってもらいましょう、ということを今実践しているわけであります。ぜひ全国の自治体でもこれをやっていただきたいと思うのです。そういう取り組みをすることが、冒頭に申し上げました、知の地域づくり、さらには知的立国の創造に私はきっとつながるだろうと思っております。

ちなみに県立高校でかなりの人数の司書を採用したのですが、採用試験をすると応募者が殺到して、何十倍という倍率になります。幸か不幸か、これは本当はよいことではありませんが、全国であまり採用がない。不況で税収も減って公共図書館でも司書を増やさない、むしろ減らすという動きがあるのかどうか。鳥取県で採用試験をするということになりますと、どっと全国から応募があり、おかげさまで大変優秀な人を採用することができました。幸か不幸かというのはそういうことでありまして、日本全体では決してよいことではないと思うのです。けれども鳥取県にとってはそういう優秀な人を採用できたということでよかったということですが、これはぜひ税収が減って財政が厳しいときであればこそ、そういう優秀な人材、知を下支えする人材というのはちゃんとこの時期に確保しておくことは、私は日本の将来のことを考えたら必要ではないかと思っております。

地域の図書館環境

次に地域の図書館環境、これは大変重要な課題であります。私は図書館というものは地域の必需品だと思っております。無くてはならないものだと思っております。現実にはどうかといいますと、まだわが国には市町村で図書館の無いところが現実にはあります。内心忸怩たるものがあるのですが、鳥取県にも市町村において図書館が無いところもあります。しかし、本当は市町村レベルといいますか、地域レベルで図書館というのは必需品だと思っております。図書館が無い地域はその必需品を欠いているという自覚をまず持っていただかなければいけない。図書館というのは知を支える拠点、知的インフラです。道路や橋がインフラとして必要であるのと同じように、私は図書館というものはその地域にとって欠くことのできない施設だろうと思っております。行政はもっと図書館に目を向けて、図書館というものを大切にしなければいけない。図書館の持っている機能や意義というものを、もっと認識をしなければいけないと思います。

正直いってわが国の地方行政、地方自治体は、これまであまり図書館というものを重視してこなかったのではないかと思います。もちろんこれは例外もあります。大変重視してこられた自治体もありますが、総じて、図書館というものをないがしろにしてきたわけではありませんけれども、図書館が本来持っている重要な機能や意義というものを、必ずしも認識していなかった。認識していないまま、それなりの扱いしかしてこなかったということではないかと思います。そうであってはいけないと思います。

特に市町村の図書館が私は重要だと思います。それはさきほど来申し上げておりますように、子どもが小さい頃から本に親しむには、身近なところに図書館がなければいけない、ということもその一つですし、やはり何よりも身近なところにあればこそ、図書館に足を運ぶことができるわけです。私は県の知事でありますから、県立図書館というものに今力を入れて、一生懸命充実に努めておりますが、県立図書館はしょせん県の中でも一つ、複数あっても広域的な地域にぽつんとあるわけであり、市民、県民の皆さんが日常的に利用するというわけにはいかないのです。市民、県民の皆さんが日常的に利用できるのは、やはり市町村単位のきめの細かい図書館だろうと思います。そういう市町村の図書館の取り組みというものを県が、いわば地域図書館の拠点として、またある意味では場合によってはスーパーバイザー的な役割を持って応援をする。ネットワークを結んで市町村の図書館の充実に寄与する。さらには蔵書のやり取りを通じて市町村の図書館が、市民、住民の皆さんにより親しまれるような後押しをする、下支えをする。それが県立図書館の役目だろうと思っております。

私は率直に申し上げて、まだまだ市町村の図書館は一部の例外があるにせよ、わが国の市町村はもっと図書館行政に力を入れなければいけない。これは鳥取県の県内の市町村についても同じようなことがいえるわけで、県内の市町村長さんとか、市町村議会の議長さんたちと意見交換をする機会があるのですが、そういう時にも私の方から口を酸っぱくして、図書館のことを話題にしてお願いをしております。なかなか、はかばかしくないもどかしさも感じているところであります。

予算とスタッフがちゃんと図書館に備わっているかどうか。充実しているかどうか。その点検をしてみる必要があります。図書館関係者の方がおられれば、予算が十分ではないといわれる方が多いと思います。もう潤沢につけてもらって使い切れないというところは、多分どこにもないのではないかと思います。図書館の予算が少ない、切られるという苦情を私もよく聞きますが、実は地方財政の中では図書館の予算、これは自治体の図書館もそうですし、先ほどお話した学校図書館もそうですが、ちゃんと自治体で図書館の予算が確保できるような措置がしてあるのです。地方財政制度の中で。これは地方交付税という制度で、その中で最低でもこのくらいは図書館に経費を回せますよという、そういう計算をしてその計算に応じた財政措置がなされているのです。ただしそれは補助金というのではありませんので、その図書館にそれだけを必ず使わなければいけないというものではありません。逆にいえば、それだけしか使ってはいけないというものでもない。目安としてそれだけはちゃんと図書館に使えるようには保証はしてあるけれども、それをちゃんとそちらに使うか、もっと使うか、ねこばばするか、というのは、それぞれの自治体の見識ないし不見識さに任されているわけです。

ですから、地方財政措置の中でちゃんと計算された額が使われている、もしくはそれ以上に使っている、鳥取県などはその部類に属していてそれ以上に使っているのですが、そういう自治体もありますし、計算上はもっと多くともいいのこれだけしか使っていない、どこに使われたのだろう、どこかにねこばばされてしまっている、というような自治体もあります。それは、それぞれの自治体の一種の自己責任であります。そういう自治体をつくった、市民、住民の皆さんの自己責任ということでもあるわけです。冷たくいえばそういうことになるわけです。私は、ぜひ図書館の経費、学校図書館も含めて、これは全国の自治体の皆さんが、ぜひねこばばしないようにちゃんと使っていただくようにお願いしたいと思っております。

予算だけではなくスタッフも重要であります。館長さんを始め、司書の皆さん、その他のスタッフがちゃんとそろっているかどうか、これも重要であります。図書館はあります、でもスタッフはいません、なんてところも全国の図書館にはあります。館長は、といったら本庁といいますか、役所の課長さんとか教育長さんが兼務していると、現場にはいないというところもあります。いけませんね。おられるけれど非常勤、もう余生を送っているというわけでもないでしょうし、非常勤が絶対いけないというわけではないのです。いけないというわけではないのですが、さきほど申しましたように、やはり図書館の環境を整えようと思ったら、ちゃんとした発言力がないといけないのです。予算一つにしても、たとえば市長にきちんとものがいえるかどうか。そういう立場を与えられているかどうかが重要だと思うのです。ですから非常勤であってもそういう立場をちゃんと与えられている。市長は、非常勤であってもその図書館の館長さんのいうことにはよく耳を傾けられる。これならかまいません。ですが、普通一般論でいえば非常勤の方はなかなか発言力が出ないのではないかという推測が成り立つものですから、そうではなくきちんとした常勤の館長を置いてくださいということであります。

私のところの県立図書館の館長は非常に発言力があり、私のところに時々メールが来て、予算が少ないというような文句がきたりします。私はそれがいいと思うのです。だいたい役所というものは、本当の現場の課題とか今の問題点とか現場からトップまで上がる過程において、どこかで鉋で削られて消えてしまって、トップのところには世の中全部うまくいっているという情報しか上がってこないようになるものなのです。そうではなく本当の現場の生の声が、責任者から私のところにきちんとメールなどで届くのです。そうしますと、これは途中で誰か図書館を理解しない人が捻じ曲げているなとか、一声かけてあげなければいけないなということが、首長、私にもよくわかるわけで、そういう意味では図書館の責任者というのはきちんと自治体の責任者に、特に長にものがいえる人でないといけない。そういう人が私は必要だと思います。

それから司書、スタッフの皆さんもちゃんと必要な人数が確保されているかどうか。これも確保されなければいけません。往々にしてスタッフをケチる。ほとんど置かない。というようなところも無いわけではない。置くけれども、これも非常にごく少人数で処遇の悪い、そういう図書館環境しかつくっていない自治体も多いのではないでしょうか。私は何かその自治体は勘違いされているのだろうと思うのです。図書館というのは箱物があって、そこに本というものがあって、それを借りに来た人に渡す。返しに来た人の本を受け取る。司書の役割を倉庫の管理をする人、番人ぐらいにしか思っていない自治体の首長さんとかがあるのではないかと思います。図書館は倉庫ではありません。知の拠点であります。形態は本が置いてあるから倉庫に見えるかも知れませんけれども、まったくそれは認識違いであり、知の拠点、知を下支えする、その大切なスタッフ、とりわけ司書の皆さんの重要性というのは、私は自治体の長とか、幹部の皆さん、議会の皆さんによく認識をしていただきたいと思っております。

そういう意味での人的、物的施設としての図書館がちゃんとしているかどうか、質的に充実しているかどうかというのは、私はその地域の知のバロメータだと思っています。知のバロメータですから、、図書館を見たらその自治体の行政の有り様というのが私には大方わかります。長年地方自治行政をやってきておりますので。図書館が粗末に扱われている自治体を見ますと、ああそんなものだな、他の分野においても推して知るべし、と失礼ながら思うのであります。

図書館と政治・行政

ちゃんとした図書館をつくるにはさきほど来申しておりますように、自治体の長や政策決定に携わる人たちが理解があるかどうか。これが一番重要であります。いかがでありましょうか。皆さんの地域の自治体で、市町村長さん、議会の皆さんが図書館の重要性というものを認識して、図書館に情熱を傾けるというところは多いでしょうか。失礼ですが、ちょっと推測しますとそんなに多くはないのではないでしょうか。せめて理解はしてもらっているでしょうか。もっといえば、せめて認識だけでもしてもらっているでしょうか。ここまで来るとちょっと寂しいのですが。ぜひ、首長さんや議会の皆さん、政策を方向づける立場、決定する立場にある人たちは、知の地域づくりの拠点である図書館というものの重要性を深く認識をして、それを政策に反映をしていただきたいと願っております。

とかくこれまでの地方財政、自治体の財政はハード面に偏っていました。ものをどんどんつくりなさいと、道路をつくりなさい、河川を直しなさいというところにはどんどんお金を使ってきました。また使いやすい仕組みがあったのです。地方財政というのは使うお金を統計上二つに区分しています。一つは投資的経費、もう一つは消費的経費というように区分しています。投資的経費というのはものをつくること、ですから箱物をつくったり道路をつくったりするのは投資的経費と称されていて、これは響きがいいですね、投資ですから。ところが教員とか図書館の司書とかに要する経費はそれは人件費です。人件費は消費的経費というカテゴリシーに分類されるのですが、響きが悪いですね、消費的経費。何か無駄遣いしているみたいな印象がありませんか。そういう分類をして、分類だけではなく、実際に投資的経費は使いやすいような手厚い財政措置がしてあって、消費的経費には冷淡な扱いしかしてこなかったのです。したがって自治体はものをつくるのは手厚い措置があって有利ですから、そちらの方をみんなやる。ところが、知を下支えする職員の皆さんとか、教育でいえば教員を充実させたりするのは消費的経費ということで、むしろ戒められていた。これが今日までの地方財政の構造でありました。

私は、この財政構造というものを変えなければいけないという認識があったものですから知事に就任して以来、すべての予算は例外なく一件算定で、すべて吟味しましょうということにしました。と申しますのは、従来はハード事業というのはあまり吟味していなかったのです。何せ投資的経費でよいことですから、どんどんやりなさい。消費的経費は悪いことだから念入りに見る。そうすると、念入りに見るほうは減ってくるけれども、どんどんやる方はどんどん増えるという歪みというか、政策のズレがあったのです。そうではなくて、私は五年前から全部一件ごとに見るということをやっています。そうすると、公共事業でも必要なものもあれば要らないものもある。こういうやり方をしましたら、四年間でハード事業は約半分になりました。今は教育行政費がトップになりました。これは図書館経費も入っているのですが、教育行政費がトップになりました。さほど難しくなく財政構造は改革できるということであります。

これから、鳥取県だけでなく日本全体がこうした財政構造の見直しをやらなければいけない。知的立国にするためにはそういう作業が必要だろうと思っております。

今市町村では合併ということが大変に大きな課題になってきております。必要なところは合併したらよいと思いますけれども、国が進めているのはとにかく大きくなりなさい、大きくなるのはよいことだということであります。ちょっと私には違和感があります。少し野蛮な印象が無きにしもあらず。今自治体に求められているのは規模ではなく本当は質だと思うのです。図書館行政などにしっかりと目を向けているかどうか。これは規模の問題ではなく質の問題なのです。ところが質の点検はほとんどしないで規模ばかり大きくしなさいというのが中央政府の指導方針であり、私はかなり抵抗感があります。もちろん合併が必要なところもあります。でも合併したらいろいろなハード事業ができる仕組みがあり、それが励みになって合併しようというところもあるようですが、それはちょっとどうかなと思います。鳥取県では、必要なところは合併してください、それなりに応援しますということにしていますが、その際、合併した時にどんな事業でも何でもかんでも支援するということではなくて、たとえば地域図書館を、合併を機会にちゃんと整備するようなところは重点的に支援するようにしています。合併をするのであれば、自治体を広域化するのであれば、図書館を要所要所に分館を設置するような工夫をされたらどうですか、その際には県も応援しますよというような考えで合併にも臨んでいるところです。

いずれにしてもこの合併というのは、地域のこれからのあり方を大きく左右するわけでありますから、その時に単に規模が大きくなったらそれでいいのだというものではありません。その際に市民、住民の皆さんにとって質の高いサービスが提供できるかどうか。特に今日のテーマである図書館環境がちゃんと整備されるのかどうか、それとも手薄になるのか、縁遠くなるのか。これはよく該当の地域の皆さんは点検をされた方がよいのだろうと思います。

これから議会が非常に重要になります。分権時代になりますから。今まで国が決めていたことを議会が決めます。それならば議会が本当に知の地域づくりをするにふさわしい、質の高い議会になるかどうかということです。いいにくいことではありますが。これもしかし、住民の皆さん方が選ばれるわけでありますから、図書館のことをちゃんと認識をして、その重要性を理解している人をなるべく多く出すということが、これは市民、県民、住民の皆さんにとって必要な課題になるわけであります。

私は掛り付けの議員さんを持とうといっております。病気になったら掛り付の医者に行きます。それと同じように信頼できる人。この人は本当に知の地域づくりのことを考えているかどうか。図書館環境のことをちゃんと考えているかどうか。そういう人を掛り付の議員さんにして、そういう人を一人でも多く送り出す。こういう作業を実は有権者の皆さん、住民の皆さんはしなければいけない。何にもしないで、議会は駄目だ、首長は駄目だといっていても世の中は変わらない。やはり世の中をよい方向に変えようと思ったら能動的な参画というものが政治の分野でも必要になってくるということであります。掛り付けの議員を持つということです。

以上、いろいろなことを申し上げましたが、私は繰り返し述べますがこれから、知的立国を目指さなければいけない。わが国は決して金満国家であってはいけません。今その金満にも翳りが見えてきています。金満国家は金のある時は表面上は尊敬され、ちやほやされますが、金がなくなったら金の切れ目が縁の切れ目になります。軍事大国もいけません。やたら腕力が強くても尊敬はされません。土建国家といわれるのもちょっとどうかと思います。わが国はこれから知的立国を目指さなければいけない。これが二一世紀の日本の課題だと思います。そのためには地域から知の地域づくりを実践しなければいけない。それが私たちの課題であります。ぜひ、今日お集まりの皆さん方は知の地域づくり、知的立国を目指すための、その下支えをしていただいている皆さん方が多いと思います。ぜひ誇りを持って、これからもよい仕事をしていただきたい。そのお願いを申し上げまして、私の話を終わらせていただきます。ご清聴ありがとうございました。

進化するニューヨーク公共図書館

事例報告――ジャーナリスト 菅谷明子

写真：

1963年生まれ。『ニューズウイーク日本版』在米ジャーナリスト、 経済産業研究所（RIETI）研究員、東京大学・早稲田大学非常勤講師などを経て、現在ジャーナリスト。市民の知的創造とコミュニケーションを促すメディアのデザインをテーマに取材・研究活動を行う。 東京大学大学院情報学府博士課程在籍。 著書、 ニューヨーク公共図書館を例に、新しい図書館のあり方を提示した『未来をつくる図書館』（岩波新書）、メディアと市民の関係を問い直した 『メディア・リテラシー』（岩波新書）。

公共図書館の一般的なイメージ

今日は私からは「進化するニューヨーク公共図書館」と題しまして、ニューヨークの公共図書館を事例としながら公共図書館の可能性を探ってみたいと思います。

まず、ニューヨークの公共図書館の話をする前に、図書館の一般的なイメージについて考えてみたいと思います。いうまでもなく、公共図書館というと、本とか、最近ではビデオやCDがただで借りられるような場所、あるいは新聞雑誌が自由に読める場所。それから私がよく行く図書館では受験生が自習室として使っていたり、お疲れになったサラリーマンの方がお昼寝に使っていらっしゃる場合もよく見かけます。

私はいろいろなところで講演をすることが多いので、「図書館というと、どんな色をイメージされますか」とお聞きしますと、圧倒的に八割くらいの方はグレイとおっしゃって、決して明るい未来を感じさせるような色が出てくることはほとんどないのです。

それから、今日は図書館関係者の方もたくさんいらっしゃっていると思いますが、図書館の方はよくレファレンス・サービスという、情報検索の支援をするサービスを図書館の目玉の一つとして位置づけている方も多いのですが、一般の利用者でレファレンス・サービスというのは、ほとんど知られていないという現状があるのではないかと思います。

今図書館をめぐる状況というのは、非常に厳しいものがあると思います。たとえば予算の

図書館をめぐる厳しい環境

出典:『日本の図書館』各年版

●公立図書館資料費等の経年変化

年度	図書館数	1図書館当り資料費	前年度貸出点数（1館当り）	
1990	1,898	1,391	26,720	13.84
1991	1,955	1,497	27,418	14.02
1992	2,011	1,556	29,194	14.52
1993	2,091	1,617	32,973	15.77
1994	2,160	1,557	36,491	16.74
1995	2,270	1,541	39,528	17.41
1996	2,335	1,538	41,231	17.65
1997	2,423	1,498	43,263	17.86
1998	2,499	1,460	45,312	18.13
1999	2,580	1,438	46,522	19.34
2000	2,613	1,384	52,334	20.03
2001	2,655	1,332	53,246	20.05

単位　図書館数:館　資料費:万円　貸出点数:万点

削減ですとか、それから司書の方の割合が非常に減少しているということです。その一方で、貸出点数というのは非常に大きく伸びており、図書館は本を貸出す場所というような、図書館の可能性を生かし切れていない状況があるのではないかと思います。

しかし、世界に目を向けて、日本の公共図書館をG7の各国と比べて見たいと思うのですが、まず人口当たりの図書館数では、何と最下位で、一番下のイタリアと比べて見ても、だいたい半分くらいという状態です。それから、貸出点数においても、七か国中の五位ということで決して自慢できるようなポジションにもないということがいえると思います。

図書館の課題

現在の図書館が抱える課題というのを考え

世界における日本の公共図書館

『ユネスコ文化統計年鑑』等による

●人口当りの図書数最下位、貸出し数5位――《G7各国との比較》

国名	調査年度*	10万人当りの図書館	人口当りの貸出数(点)
日本	2001	2.11	4.23
アメリカ	1995	5.77	6.13
イギリス	1997	8.83	9.77
イタリア	1997	3.78	4.50
カナダ	1995	11.88	6.58
ドイツ	1997	17.48	3.78
フランス	1997	4.38	1.45
計・平均		6.75	5.30

*調査年度が国によって異なっている

ていきたいと思います。まず図書館ならではのサービスをしっかりと確立していくことが大事だと思います。情報化社会ということをずいぶん長い間いわれていますが、そういった社会に対応し、デジタル時代にふさわしい役割が、まだまだ十分に果たせていないのではないかと思います。市民や地域のニーズに応じたサービスというのは、果たして行われているのかということがあります。図書館はどこに行っても同じような本があって、同じようにサービスを展開していると思うのですが、そういった課題もあると思いますし、何よりも利用者の皆さんが情報を活用できるような力を身につけるための支援を図書館が行い、これまでの固定観念を捨てて、柔軟なサービスを目指していく必要があるのではないかと思います。

今日は「未来型図書館」と名づけまして、ニューヨーク公共図書館の事例をご紹介します。アメリカの公共図書館とはどういうものかというのを、日本と若干違っている側面もありますのでご紹介したいと思います。

ニューヨーク公共図書館の組織図

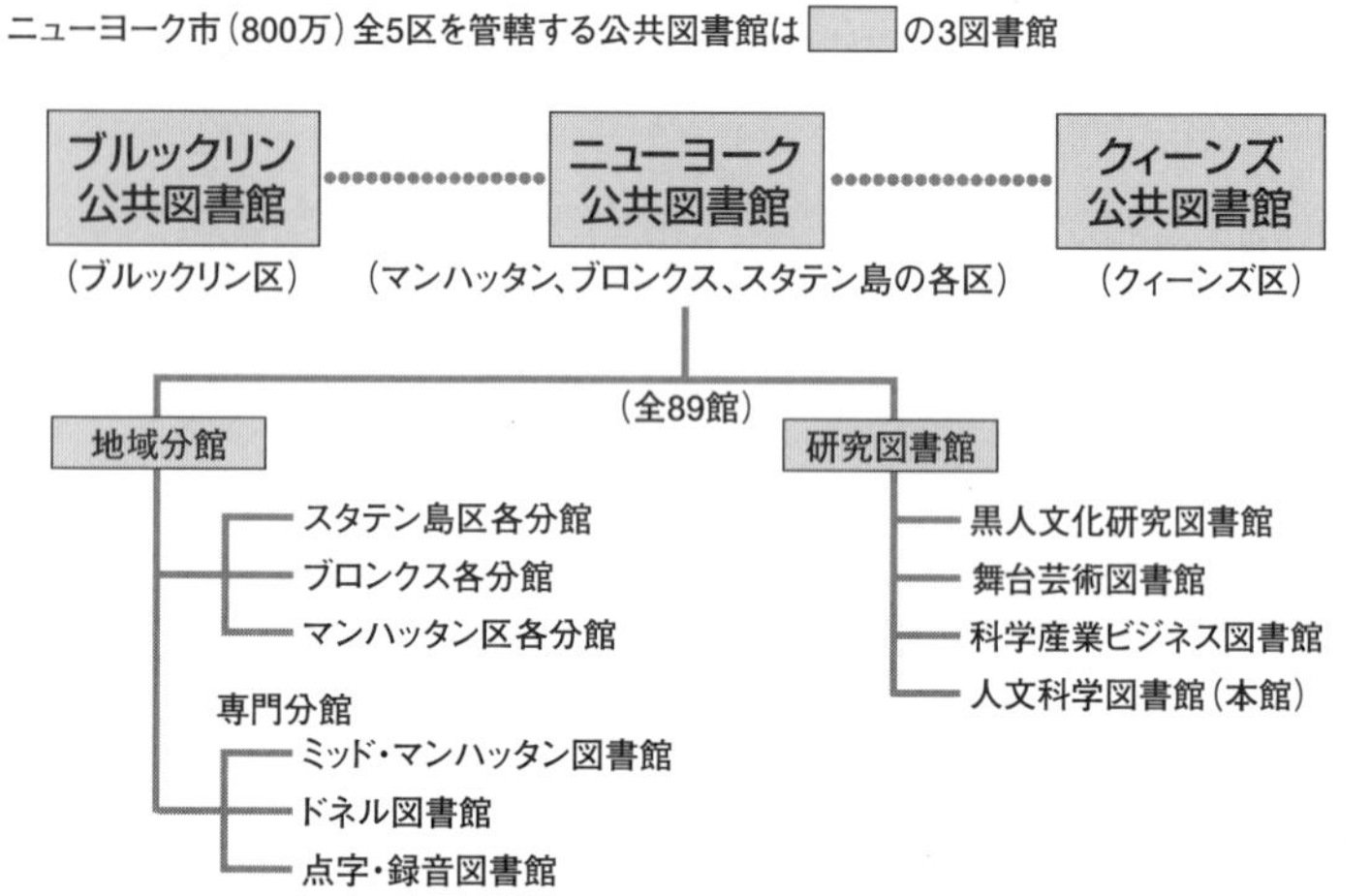

まず、図書館は市民社会に不可欠な情報インフラだということで、非常に民主主義の思想と結びついており、情報というのはパワーだということがよくいわれています。情報に誰もがアクセスして使いこなせる、そういう拠点として図書館があると考えられています。

図書館は貸本屋でも、貸CD屋でもビデオショップでもなくて、独自の専門的なプロフェッショナルなサービスを提供する場所だと位置づけられています。そして、何よりも情報を使って新しいものを生み出すための創造の拠点であると一般的にとらえられています。

ニューヨーク公共図書館とは

ニューヨークの五番街、東京でいうと銀

ニューヨーク公共図書館

座といえると思うですが、そこにありますニューヨーク公共図書館の本館の様子です。こういうカラフルな垂れ幕が掛かっていて、非常に親しみやすい、グレイというよりはもう少しカラフルなイメージの図書館です。

まずこの組織について簡単にご説明したいと思います。ニューヨーク市というのは八〇〇万人の人口を擁しており、東京でいいますと二三区の人口とほぼ同じです。そこに五つの地区があり、その五つの地区を三つの図書館が管轄しています。今日ご紹介するのは真ん中にあるニューヨーク公共図書館で、アメリカの公共図書館でも、あるいは世界の公共図書館でもトップに位置するような、非常に規模の大きい図書館です。この図書館の特徴

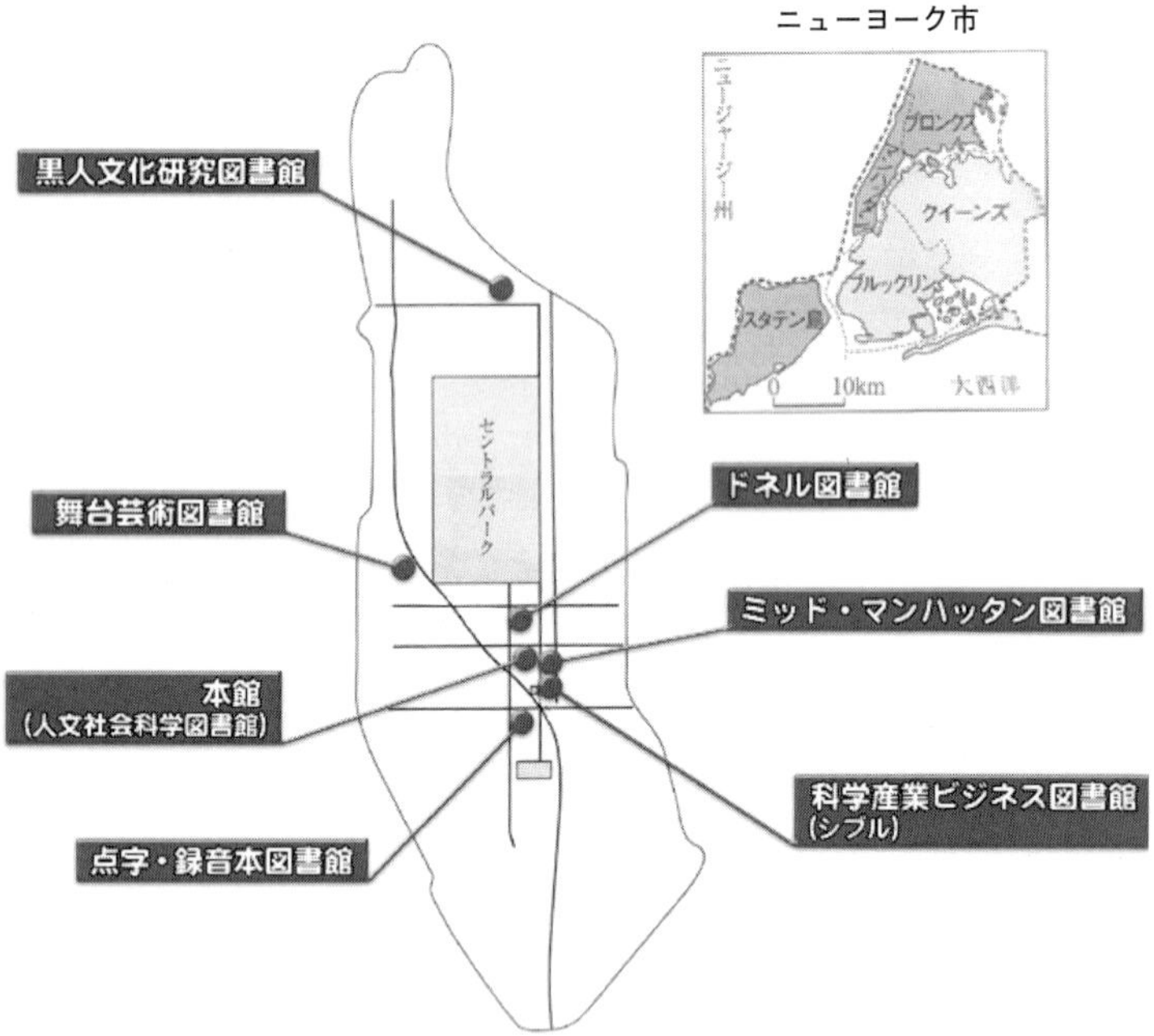

は日本の図書館に非常に近いイメージの地域に密着した図書館と、それから専門的な分野に特化した研究図書館というものに分けられます。

　では、そのニューヨークの市民にとってニューヨーク公共図書館というのはどのようなものかと考えますと、市の文化の象徴ということと、非常に市民に愛されている、身近な施設であるということです。また公共サービスのランキングというのがアメリカでは多く行われているのですが、ニューヨーク公共図書館はニューヨークの公共サービスの中でも非常に満足度の高い公共施設になっています。

新聞などにも連日記事が掲載されたり、あるいは図書館のブランドイメージづくりというのが非常に盛んに行われていますので、市民にとって非常に誇りを持って人に伝えられるような象徴的な場になっています。

ニューヨーク公共図書館と申し上げましたけれども、なぜニューヨーク市立図書館ではないのかとお思いの方もいらっしゃると思いますが、ニューヨーク公共図書館というのは、英語で申し上げますとニューヨーク・パブリック・ライブラリーというのですが、「パブリック」というのは皆さんもご存知だと思いますが、公共というような意味です。公共というのは日本の場合ですとどうしても役所的になっていると思われる方も多いと思うのですが、アメリカの場合は公共というのは市民全体に広く利益をもたらすようなものであって、必ずしもその担い手は役所とは限りません。ということで、ニューヨーク公共図書館はNPOが運営しています。

組織について少しお話をします。日本ではNPOというと小規模な手弁当的な団体というイメージがあるかも知れませんが、予算の規模は三一〇億円、スタッフが三〇〇〇人以上。それから資料が五〇〇〇万点以上ということで、非常に大きな規模の図書館であるといえます。驚くべきはレファレンスです。情報の照会をする件数が七〇〇〇万件以上あるということは、非常に多い数だと皆さんご理解いただけると思うのですが、こういった組織がニューヨーク公共図書館です。

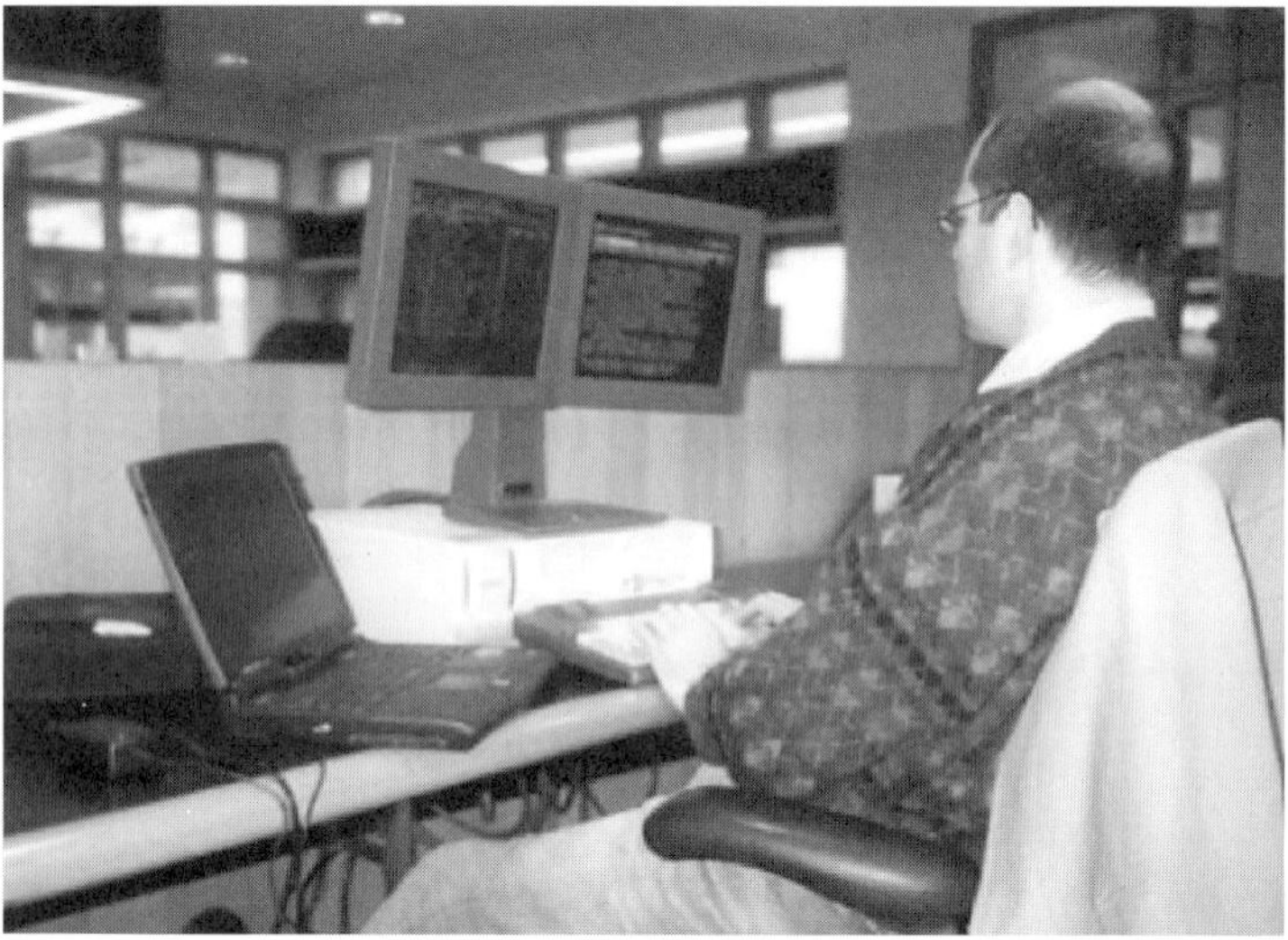

科学産業ビジネス図書館

今日は主にさきほどご紹介した研究図書館と地域分館という二つの組織の代表的なサービスについてそれぞれご紹介したいと思います。

研究図書館

研究図書館というのは四つの図書館から成り立っています。その中で非常にユニークな科学産業ビジネス図書館をご紹介したいと思います。おそらく日本では図書館でビジネスを支援するというのは非常に馴染みにくいテーマなのではないかと思いますが、この写真に写っている方の事例で図書館の可能性について考えてみたいと思います。この方はウォール街の投資会社に勤められていた方で、日常的に自分の仕事をしながら、会社の利益になるようないわゆる

ニューヨーク公共図書館という組織

出典:2003年NYPL年次報告書より

年間予算	2億7505万ドル(約310億円) ◆財源は税金に加え、企業・個人からの寄付金および若干の事業収益
スタッフ数	3124人(パートタイムを含む)
図書館利用者数	約2500万人(インターネットでの利用を含む)
所蔵資料	5000万点以上
レファレンス	700万件以上

投資商品をいろいろと開発していても、それが本当に市民のためになるのかという疑問を持たれていたそうなのです。ある時この図書館がオープンしたことを新聞で読んで興味を持ってやってきたところ、非常にたくさんの資料があったり、無料のビジネスコンサルティングサービスなどがあって、ひょっとすると、これは自分の夢を実現するために起業できるかも知れないと考え、仕事が終わってから、あるいは週末に、約一年間この図書館に通って起業の準備をして、めでたく会社を起こされ、自分の夢であった市民に優しい投資商品を売るというようなお仕事をされています。

現在、この方の日課は、ノートパソコンを毎日持参して、「ブルームバーグ」という金融のデータベースからいろいろ必要なデータを取り込んで家に帰り、そのデータを使ってニュースレターをつくったり、顧客サービスに資料を活用しているとのことです。

この事例から何がいえるかというと、図書館は資料を提供するだけでなく、データベースなどの情報も提供するところだということなのです。この方が使っているデータベースというのは、日本でも金融会社のかなり大きな企業でなければ買えないような高価なデータベースなのですが、もちろんこれを無料で利用することができます。世の中にはいろいろなことをやってみたいという方がたくさんいる、その時に必要なのは、やはり情報だと思うのです。

また、この方は、図書館が無ければ今の自分は無かったとよくおっしゃっていたのですが、逆にいうと社会にはいろいろな夢を持っていたり、社会をもっとよくしたいと思っている人がいて、そういう人たちを育てていくのも図書館の役割と考えているように思います。よくビジネスではインキュベンションセンターなどといいますが、まさにそういった孵化器としての働きが図書館にはあるのではないかと思います。

ビジネス支援サービス

ビジネス図書館の具体的な図書館のサービスについてご紹介したいと思います。ビジネス図書館の一室に電子情報センターがありますが、そこには七十数台のパソコンが置いてあり、すべて高速インターネットにつながっていて、高速プリンターも併設されています。それから約一五〇種類くらいのビジネスデータベースももちろん無料で使えますし、インターネットにつなぐこともできますので、ここをオフィス代わりにいろいろと仕事をされる方もたくさんいます。ノートパソコンの接続スペースもあり、ここにパソコンを持ち込みインターネットのジャックに接続をして、作業もできます。

九・一一の同時多発テロがあった時にビルが倒壊したのをテレビで皆さまもご覧になったと思いますが、その時にオフィスを無くした方々が図書館に殺到して、このスペースをオフィス代わりに仕事をされたそうです。そういった時にも図書館はすぐに対応して回線を増やして、多くの人が仕事ができるように心配りをしたということです。

情報の提供だけではもちろん十分ではなく、どんなに高価な素晴らしい情報があってもそれを使いこなせる市民がいなければ、図書館というのは宝の持ち腐れで終わってしまうと思いますが、無料の情報活用講座というのが毎日三講座くらいあって充実しています。これはいわゆるコンピュータ講座とは違い、特定のテーマに対してどのようにリサーチをしていけばいいのか、ということを教えてくれるところです。もちろんデジタル情報もたくさんありますが、印刷情報というのも当然必要ですので、バランスよくいろいろな情報にアクセスできるような環境をつくっています。

また、外部との提携も非常に進んでいます。図書館というのはビジネス図書館といえども、情報の専門家はいてもビジネスの中身まではわからないわけですから、自分たちでできない分は外部のＮＰＯなどと連携することによりサービスを強化していくということで、こういった連携が積極的に行われています。

たとえば、「スコア」という無料でビジネスのコンサルティングをするＮＰＯがあります

職業情報センター

が、オフィスを無料で貸す代わりに、外部のコンサルティングの方にボランティアで来ていただいて講演を催したり、図書館の一室で無料カウンセリングや起業の講座などをしています。

　また、図書館というのは、人と人を出会わせるようなネットワークの場所でもありますので、講演などが終わった後には、名刺交換をしやすいような雰囲気を図書館側がつくっていくということもいっています。

　またビジネス図書館の中に職業情報センターというのがあり、就職活動をしている方々、あるいは新しい職業の技能を身につけようとしている方々に対するサービスも行っております。中でもおもしろいのは、履歴書の書き方とか、面接にどのように臨んだらいいのかなどの豊富な資料がたくさんあります。毎週一回履歴書を持って行きますと、それを添削してくれるようなサービスがあったり、あるいは面接に行く時の服装や、どういう質問をされたらどのように答えたらよいのかということなどを、プロの方がもちろん無料で指導してくれる講座も定期的に行われています。ニューヨークはテロ以降非常に景気が悪かったのですけれども、その間に図書館の利用者は約二倍から三倍に増えたということと、市に非常に貢献したということで、就職情報サービスの優れた活動に対して賞もいただいております。

就職活動を行っている方というのは、オフィスあるいは組織から離れてしまっているので、パソコンの環境も決して十分ではないと思いますが、そういう中で図書館は就職活動専門用のパソコンというのを設けて、ここで職務経歴書をソフトウェアを使って打ち出したり、あるいはいろいろな情報をインターネットで集めてプリントアウトできるような環境も整えています。

このように、いろいろなビジネスサービスが行われていますが、意義というものを考えますと、まず情報環境が必ずしも万全ではない人々のためにサポートを行っていく。そういうことによって、個人の力を引き出していく。それがひいては社会を潤したり、あるいは社会保障のコストをある意味でセーブできるということで、情報を与えて市民の自立をうながすということが図書館の目的として考えられています。ですから、図書館が無ければ実現できなかったとおっしゃる方は非常に多いのです。

本のない図書館

次は舞台芸術図書館について簡単にご紹介したいと思います。これも研究図書館の一つですが、別名「本のない図書館」といわれています。この図書館はリンカーン・センター（芸術のメッカと呼ばれるようないろいろなホールがたくさん集まっているところ）の一角にある図書館です。ニューヨークというのは芸術のまちですけれども、おもしろいのは、芸術家の卵から、第一線のプロまでこの図書館を利用しています。「本のない図書館」というように、独自で資料を収集して提供していくということを行っていますが、たとえば、シナリオを書いた人、あるいはシナリオに携わった人や会社が、それぞれ個別にシナリオを持っていたとしても、あまり情報としての価値がないと思うのですが、それを一か所に集めて誰でもアクセスできるというような体制をつくっていくことによって、シナリオライターが同じ原作のものを他の人がどんなふうにつくっているのか、あるいはオリジナルのものがあるので赤を入れている部分があるとすれば、どういう所が変更しているのかということを見ていくことができたりするわけです。このように情報を一か所に集めて、整理して提供していくことによってさまざまな芸術に貢献するという役割も果たしています。

図書館はどうしても活字が中心になりがちですが、バレエやオペラのような舞台芸術は、活字で表現するのが難しいのですが、図書館ではビデオカメラを持って行ってそれを録画して、コレクション化して、公開してダンサーの方々とか舞台俳優の方々に使っていただくというようなこともしています。

また芸術支援でユニークなのは、ビデオショップに行って借りられるようなものは、図書館で集める必要はないのですから、非常に入手が困難な独立系のノンフィクション作品みたいなものをビデオ収集していくというような作業とか、あるいは製作者と市民の人たちが交流できるようなイベントも行っています。

地域の図書館

次に地域の図書館についていろいろとご紹介したいと思います。

アメリカではよく、「引っ越したらまず図書館に行きなさい」といいますが、これはどういうことかというと、図書館に地域の情報が一か所に集まっているということなのです。これから具体的な例をいろいろご紹介していきたいと思います。

まず、アメリカの公共図書館でここ一〇数年間一番必要とされている情報は、実は健康情報、あるいは医療情報といわれるものです。写真に写っている右側の方は病院に行ったところ、どうも乳がんだと診断されて、彼女が最初に来たのが公共図書館でした。向かいに座っていらっしゃる方は司書の方で、医療司書と呼ばれる医療情報に詳しい方ですが、相談をしていました。

ニューヨーク公共図書館には八五の分館があるのですが、すべてに医療レファレンスコーナーがあり、地域とか、もちろん国レベルでつくったパンフレットも（実は集めようと思うと非常に大変だと思うのですが）、一か所に集めています。それから、医療データベースと

医療レファレンスコーナー

いうのも提供されていますが、普通の人はなかなかアクセスできないと思うのですが、図書館では検索を代行してもらうこともできますし、自分で使うこともできる環境もあります。

子どもへのサービスというのも非常に盛んに行われており、特にアメリカは共稼ぎの方が多いので、放課後や休日に子どもの面倒を見ながら、子どもの健全な育成の場として、あるいは情報活用能力をつける場として子どもへのサービスに非常に力を入れています。大人もそうですが、子どもというのは、親しみやすくて楽しい場所に集まるのですね。多くの図書館では「宿題ヘルプ」というのが最近非常に多くて、放課後担当の人が宿題の相談をいろいろと受けてくれるといっ

子ども向けウェブサイト

たサービスが盛んに行われています。写真は、大人とは別の子ども向けのウェブサイトを立ち上げて、宿題に役に立ちそうなリンク集などを用意してあります。それから、先生に対する支援というのも非常に盛んに行われており、学校図書館というのは、先生が教材を開発するような資料というのはなかなか無いわけで、さりとて大学図書館にあるかというとそうでもない。そこで公共図書館でそういったものを用意しているという事例もあります。

日本でも高齢化社会の到来といわれておりますが、シニアサービスというのも非常に盛んに行われており、次の写真は、いわゆるシニアスタッフという方々で、シニアサービスに携わっています。スタッフの募集の基準は五五歳以上で、高齢者のことはやはり高齢者の方がわかるだろうということで、高齢者の方々が知恵を絞っていろいろなサービスを展開しているという事例もあります。

日本でも行政情報の公開ということを盛んにいわれていると思いますが、行政情報は公開されればそれでいいというわけではありません。いかにアクセスしやすくするか、いかに使いやすくするかということが重要だと思いますが、図書館もそのような役割を果たしています。

デジタル時代の図書館

デジタル化がどんどん進んで図書館の利用者の状況もかなり変わってきています。ニューヨーク公共図書館でいいますと、全利用者の約半分がホームページでサービスを受けているということです。ホームページには二万以上のページのコンテンツがあったり、いろいろな情報が充実しています。パソコンも二〇〇〇台近くありますので、かなりデジタル情報を図書館を通して得ることができるようになっていると思います。その中でも市民にとって非常に有益だと思うのは、データベースです。データベースをあまりご存知ではない方もいらっしゃるかも知れませんが、たとえば、「ニュースペーパーソース」というのは全米の二二四の新聞と一八の外国新聞と六つの通信社云々とあり、要するに三〇〇近いいろいろな新聞のものを過去に遡ってキーワードで引けるということなので非常に便利ですが、図書館に行かなくても、自分の図書館カード番号を図書館のホームページに打ち込めば、そのまま自宅か

シニアサービスに携わるスタッフ

らでもオフィスからでも使うことができます。ネットが普及してくると図書館はいらなくなるのではという議論もかつてありましたが、インターネットを使って図書館を利用する人も統計的にはかなり増えてきているのでそのようなことはないだろうと思います。

デジタル化の図書館の流れということを考えていくと、来館しなくてもいろいろなサービスをインターネット経由で受けられるということと逆の動きですが、人と人が出会う場所としての図書館の機能というものも出てきています。五番街の本館にある研究者作家センターというところでは研究者を世界中から募ってここで自由に研究をしてもらう。そして、その研究者には講演会とかセミナーを通して市民に知の還元をしてもらうというようなことも行っております。

それ以外にも、お互いのコミュニケーションを深められるようにと、たとえばキッチン付きの会議室を用意して、そこでなにか食べながら交流するということをしたり、あるいは朝食会を行ったり、同じ本を複数の人で読んでその本について話し合うとか、そこではイラク戦争についていろいろと語り合えるというような、図書館でのお互いのコミュニケーションの場として機能を果たしています。

図書館をコミュニティの拠点に

今日はニューヨーク公共図書館という、非常に大都市にある大きな規模の図書館についてお話をしてきましたけれども、もちろんアメリカには小さい図書館でも非常に充実したサービスを行っているところはたくさんあります。逆にいいますと、小さい町ですと市民のニーズが非常に把握しやすいし、地域の特色を反映しやすいというメリットもあります。もちろん予算がたくさんあった方がよいことは間違いありませんが、予算と規模だけただ大きければいいというわけではありません。

人口二三〇〇〇人のコネチカット州、シムズベリーという小さい町の図書館に調査に行ってきました。この図書館は、コミュニティの拠点になっていて、金曜日の午後になるとクッキーとコーヒーのサービスを行っていたり、地元の商店とか個人経営者を支援するビジネスレファレンスコーナーという、ビジネス情報源のコーナーを設けています。これは、非常に小さいものですが、町の人たちにとっては非常に便利なものになっています。

それから、小さい町なので、ファクシミリがどこにもない、どこでも使えないというところもあると思うのですが、図書館に行くとファクシミリのサービスがあって、そこでファクシミリを使うこともできます。冗談のようですが、何と釣竿も図書館で貸出しているということです。コミュニティの拠点であり、人々が集まって新しいいろいろな知識を生み出していくような拠点になっているといえます。

図書館の基本は「つなぐ」こと

では、その図書館というのは、いったい何なのだろうということを考えていくと、私の理解では「つなぐ」ことだと思うのですね。情報と情報をつないだり、情報と人をつないだり、人と人をつなぐ、あるいは人と空間をつなぐということで新しいものが生み出されるわけです。情報というのはどんどん出てきては消えていくわけですけれども、それは誰かがコントロールしなければならないと思いますので、そういう個別に存在しているものを意味づけて市民に提供していくということではないかと思います。

図書館の機能というのは、いろいろな情報を持っているということと、その情報にたどり着けるようなガイドをするということと、やはり利用者が情報を活用する力をつけるような支援をしていく、あるいは知のコミュニティをつくっていくということだと思います。昼寝の場所として使っていただくのもかまいませんが、もう少し知的生産のために図書館の空間を使っていただく、あるいは著作権とかデジタル化とかいろいろな問題がどんどん出てきますが、こういう問題に対して、いかに市民の側に立ってアクセスしやすい情報環境をつくっていくかということだと思います。

図書館というのは「としょのやかた」という字を書きますけれども、もっと広い意味で、情報あるいはコミュニケーションの「やかた」、そして地域の情報拠点となっていくもので、図書館のあるべき姿というのは、知的創造、コミュニケーションをつくり出すような前向きな場になるべきではないかと思っております。

図書館の可能性

では、具体的に図書館をよくするにはどうしたらよいかと考えていくと、やはり図書館、行政、市民の参画が不可欠ではないかと思います。図書館に対してどうしても固定観念があって、本が借りられれば、それも非常に重要なのですが、そこで止まってしまうことが多いと思います。図書館というのは実は非常に大きな可能性を持っているのだということを、もっと社会に向けてアピールしていくことが必要でしょうし、またいろいろな領域とネットワークする、図書館のことを図書館の人だけで終わらせるのではなく、いろいろな得意分野の人と連携をしていってサービスを強化していくというようなことが重要ではないかと思います。

もう一つは、社会の状況とか地域の特徴に応じたいろいろなサービスを展開していったり、やはり市民が図書館の活動に積極的にかかわるということが大切なことだと思います。

ですから、もちろん予算は多いに越したことはありませんが、いきなりこれが増えるということは非常に難しいと思いますので、現実的にアイデアと意欲で、とにかくできるところからやってみようということが重要ではないでしょうか。何よりも箱ではなく中身を充実させるということで図書館をよくしていくということが重要ではないかと思います。

短い時間で、盛りだくさん過ぎたかも知れませんが、皆さんが図書館を考えるきっかけになればと思っております。ご清聴ありがとうございました。

パネルディスカッション

地域の情報拠点としての図書館

パネリスト

片山善博 鳥取県知事
本上まなみ 女優
児玉　清 俳優
糸賀雅児 慶應義塾大学教授
常世田　良 浦安市教育委員会生涯学習部次長

コーディネータ
好本　恵 フリーアナウンサー

好本　お待たせいたしました。それではこれからパネルディスカッション「地域の情報拠点としての図書館」を開始いたします。ここからは、私もここに座りまして今日のコーディネータを務めます。

さあ、それでは、ディスカバー図書館二〇〇四、パネルディスカッション、「地域の情報拠点としての図書館」を開始することにいたしましょう。

図書館のイメージ

好本　さて、皆さんは図書館に対してどんなイメージをお持ちでしょうか。学生時代によく勉強したところ、あるいは無料で本を借りられるところ、さまざまなイメージをお持ちだと思いますが、今図書館が地域の情報拠点として大きく変わろうとしています。今日は図書館が今どんな状況にあるのか、そしてどう変わろうとしているのか。また図書館のあるべき姿について皆さまとご一緒に考えていきたいと思います。パネリストの皆さん、どうぞよろしくお願いいたします。

それではさっそくパネリストの皆さんに、図書館の個人的体験談をうかがおうと思います。図書館との出会い、日頃どう接していらっしゃるのか、また図書館への思い入れなど、自己紹介も兼ねてお話し下さい。

片山　はい、私は図書館といいますと、子どもを思い出します。私の子どものことです。私は子どもが六人おりまして、今でこそ一番下の子が中学三年生になりましたから、子どもと一緒に図書館に行くというのは、もう稀なのですが、その子たちがまだ小さい時は、土曜日、日曜日、休みの日には、しょっちゅう図書館に行っていました。六年前まで東京の目黒区に住んでおりましたから、目黒区の図書館に行きました。隣にプールがあって、プールで泳いでそれから図書館に行くという日曜日だったのですけどね。子どもが本当に「お父さん、図書館に行こう、図書館に行こう」といって、当時は子どもを図書館に連れて行っているという感じだったのですが、今から考えると私の方が連れて行かれていたのかなと思っています。その子たちも大きくなりましたから、今はちょっと寂しいのですが。

常世田　私にとっての本との出会い、図書館との出会いというと、母親にしてもらった、読み聞かせというあたりからかなと思います。夜寝る前に本の読み聞かせをしてもらったことが、図書館につながっていくのかなと思います。その後は特に、普通の本好きという状態だったわけですけれども、ある時知り合いが、「常世田、世の中にはいい商売があるぞ。司書だ。本に囲まれて、たいそう暇らしいぞ」これはしめたと思いました。実際なってみたらとんでもない、本を読む暇などない状態なのですけれど。

その中で、私は図書館についての理念と出会いました。それは「図書館はシステムだ」ということです。家の近くの図書館というのは水道の蛇口なのです。蛇口だけでは水は出

片山善博（かたやま　よしひろ、鳥取県知事）

一九五一年生まれ。四九年自治省入省。鳥取県総務部長、自治省固定資産税課長を経て、府県税課長を最後に退職。九九年、鳥取県知事に当選。二〇〇三年再選、現在二期目。教育関係では、中央教育審議会教育制度分科会地方行政部会臨時委員、「これからの教育を考える懇談会」への参加などが挙げられる。また、知事として、鳥取県独自に「図書館整備事業」を推進するなど、図書館に関心を持ち積極的な発言をしている。

ないのですが、水道の場合には、水道管があってその向こうに巨大な貯水池があるので水が出るわけなのですが、図書館も知の貯水池がある。だから、ソルボンヌ大学の本でも、スワヒリ語で書かれたアフリカにある本でも、家の近くの図書館から借りられるのです。そういう図書館の理念というのに出会ったのですね。ですから、私は図書館に出会うのと同時に図書館のコンセプトとも出会ったといえると思うのです。そのことが私にとって非常に重要なことだったと思っております。

本上　私は大阪で育ちました。幼い頃の記憶としてはうちの母が本を読み聞かせてくれたということはあまり覚えていませんが、本当に小さい頃から本には恵まれていたと思います。母の友人が幼児教育に携わっていたのですが、その方が時々おもしろい、楽しい、かわいい絵本を送って下さったりして、本っておもしろいなと思ったのが幼稚園に行った頃でしょうか。小学生のときは、担任の先生がおもしろい本の読み聞かせをしてくれてクラス中のみんなでお腹を抱えて笑ったり、「楽しい、楽しいな」と思って子ども時代を過ごしましたので、本当に小さい頃から図書館に行くというのは遊びの一部でした。当時大阪の万博記念公園内に、大阪国際児童文学館ができまして、万博公園は本当に身近な遊び場だったので、そこにお弁当を持って行って、外でも遊びつつ文学館でたくさん本も読みました。ですから、日常の生活の中で図書館にかかわる機会というのはわりとあったように思います。ですから、今も図書館はとても好きです。

児玉　ぼくは図書館というと昼寝に行くところだったのですね。申し訳ないのですが。というのは、戦争中、戦後、ちょうど中学高校というのは戦後間もない頃でしょう。ですから、あまり図書館もなかったのです。ただその頃、国立図書館というすごい図書館があって、立派な建物で今は迎賓館ですけれども、あそこに行っては知らぬ間に寝ていたことが多くて怒られたこともあります。自分ではいびきをかいたつもりはなかったのですが。ぼくにとって図書館とはどういうところかというと、ぼくが欲しくない本、ぼくは本好きですから本を読んだ後、どうしても本を自分で持っていたいのです。だから、買えない本、持ちたくない本というのは図書館へ行く。ひと言でいえば、図書館はぼくにとって最後の頼みの綱、宝の山かな。最近、大学の図書館、ぼくの周りは友達に大学教授が多いものですから、特別に頼んで大学の図書館に行くと本当にすごいものがあるのですよね。誰も見

本上まなみ（ほんじょう　まなみ、女優）

一九七五年生まれ。九三年デビュー。テレビを中心に、CM、映画などマルチに活動している。最近では、エッセイの執筆、トーク番組のMCを務めるなど、さらに活動の場を広げている。主なテレビ出演番組、「眠れる森」（CX）、「嫉妬の香り」（テレビ朝日）、「人情とどけます～江戸・娘飛脚」（NHK）など。現在、「トップランナー」（NHK）に出演中。主な著書　絵本『ぽたのはなし』（マガジンハウス）、エッセイ集『ほんじょの虫干』（学研）、『ほんじょの天日干』（学研）、『ほんじょの鉛筆日和』（マガジンハウス）、翻訳絵本『めんどりヒルダ』三部作（新風舎）
公式HP「ほんじょのうさぎ島」http://www.honjomanami.com/

ないような、外国から毎日のように送られてくる新聞とか、そういうのは本当に嬉しくて、まさに宝の山にいるような気がいたしました。ぼくにとって図書館は最後の頼みの綱、そして宝の山なのです。

糸賀　私は仕事柄、方々の図書館にお邪魔するのですが、私が今までお邪魔した図書館の中で特に印象深かったのは、実は海外の図書館なのです。ラテンアメリカにドミニカという国があります。カリブ海に浮かぶ国なのですが、ここに日本から青年海外協力隊で司書が派遣されているのです。そこに私はまいりまして、プエルトプラタという小さな町のはずれに青年海外協力隊の若者が建てた、小さい図書館がありました。そこに日本の若い女性の司書が行き、子どもたちを集めるのです。ところがちょうど私が行った時に、ドミニカでは学校の先生が皆ストライキをやっていて、そのために子どもたちは学校に行っても授業が受けられない。だから図書館に皆集まってくるのです。ドミニカはスペイン語なのですが、その青年海外協力隊の日本の女性がスペイン語で子どもたちに読み聞かせを始めるのです。子どもたちはどこの国でも同じで、始めはペチャクチャ喋っていてすごくうるさいのですが、いったんその日本の女性がスペイン語で読み聞かせを始めると、子どもたちがシーンと静まり返ってその語りに聞き入るのですね。その光景を見た時に私は本の持つ魅力とか図書館の素晴らしさというのは、言語の壁や国境なんていうものをすぐに越えられるのだと感じました。私のこれまでの図書館人生の中で、とても印象的なシーンでした。

好本　皆さんありがとうございました。それぞれのお立場でユニークな図書館との体験をお持ちなのですね。私自身のことを思い出してみますと、たとえばどなたかにインタビューするなどという仕事の時に、慌てて図書館に飛び込みます。そして、資料や本を手に入れられるだけ、借りて、有難く利用しています。それから子どもたちが小さかった時には「シー、静かに」なんていいながら、絵本を毎週一回借りに行った懐かしいところでもあります。今日は、私は利用者の立場でぜひこのパネルディスカッションに参加していきたいと思います。

日本の図書館の現状

好本　それでは、まず日本の図書館の現状はどうなっているのでしょうか。さまざまなデー

児玉　清（こだま　きよし、俳優）

一九三四年生まれ。五八年、東宝映画株式会社俳優専属契約を結ぶ。映画「別れても生きるときも」、「戦場に流れる歌」などへの出演を経て、六七年、東宝映画株式会社俳優専属契約解除後、フリーとして、現在までテレビ、ラジオなどに多方面において活躍している。主なテレビ出演番組「ありがとう」（ＴＢＳ）、「ＨＥＲＯ」（ＣＸ）、「武田信玄」「大地の子」（ＮＨＫ）。現在「アタック25」（ＡＢＣ）、「週刊ブックレビュー」（ＮＨＫ―ＢＳ）などに出演中。主な著書『寝ても覚めても本の虫』（新潮社）、『たったひとつの贈りもの』（朝日出版社）

タを見ながら探っていきたいと思います。まずこちらのグラフ（七一頁参照）をご覧ください。スクリーンに出ておりますのは、日本の図書館の数、貸出点数の推移です。二〇〇二年度現在で、日本の図書館の総数はおよそ二七五〇館、貸出点数は年間およそ五億二〇〇〇万冊、国民一人当たり五冊近くになります。糸賀さん、このグラフを見ますと図書館数、それから貸出した数は共に伸びていますね。

糸賀　日本の図書館は一九七〇年代に入り、貸出しを積極的にやる図書館ということで図書館の数も増えましたし、また実際に貸出点数もこのグラフでわかるように伸びております。特に八〇年代からは浦安の図書館が開館したのが、確か一九八三年ですか、広い開架フロアを持ち、積極的に資料を貸出し、利用者も自由に本を手に取ることができるような建物の構造にもなってきました。そのこともあり八〇年代、九〇年代を通じて急速に図書館の数、そして貸出しも伸びております。このグラフでは二一世紀に入ってからの統計が三年分しかありませんので、少し横ばいになっておりますが、これもちゃんと一〇年間で見れば同じような伸びを示すのではないかと思います。

好本　続いてのグラフをご覧ください。（七一頁参照）図書館数と貸出点数の伸び率をまとめたグラフです。上が貸出点数、下が図書館数になっております。糸賀さん、このグラフからはどんなことが読み取れますでしょうか。

糸賀　図書館の数も着実に伸びているのですけれど、それ以上に貸出しの伸びが大きいとい

日本の図書館の発展

出典:『日本の図書館』各年版

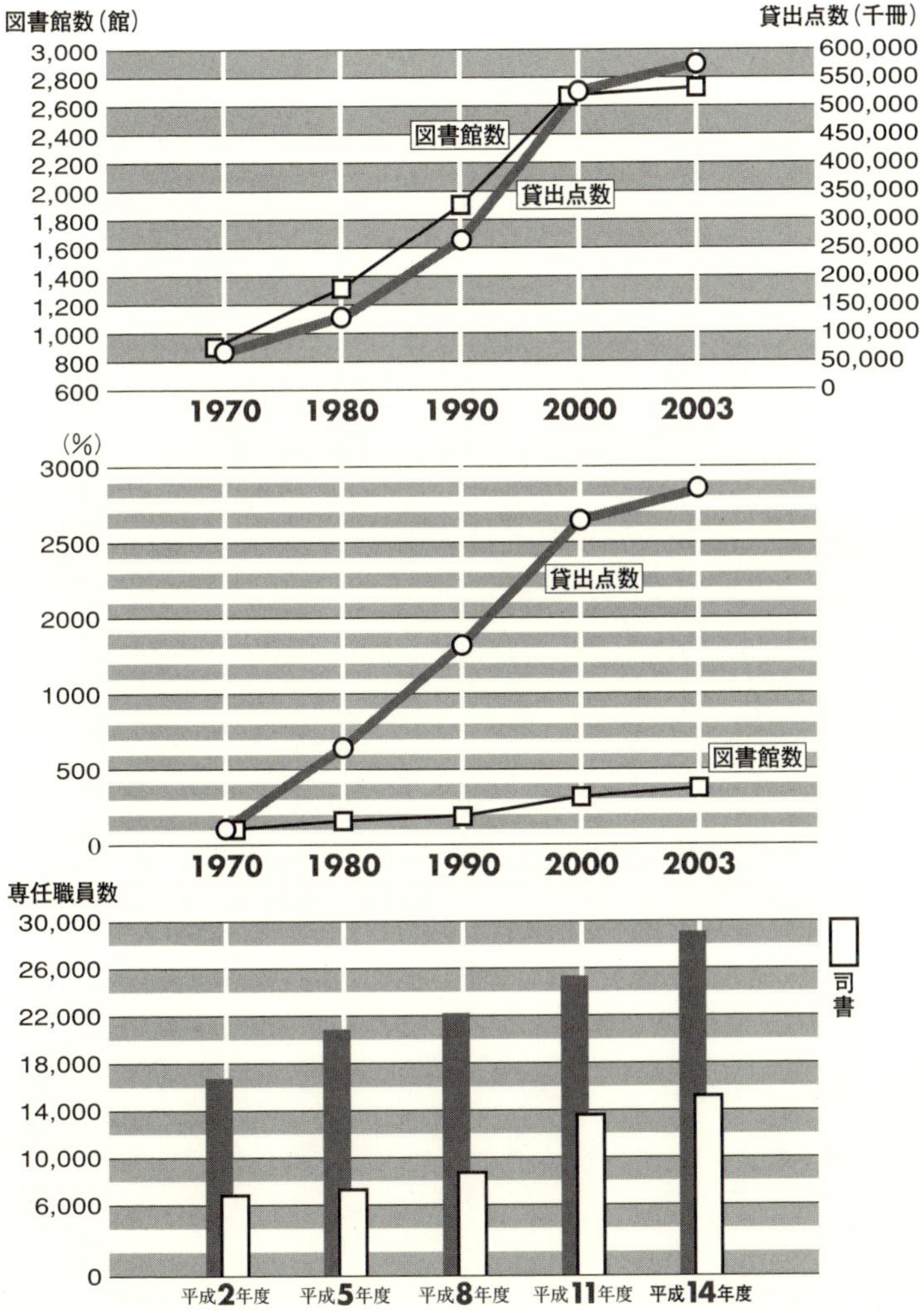

うことがこのグラフからわかっていただけるだろうと思います。つまり、図書館を建てれば確実に貸出しが伸びていく、潜在需要があるということだと思います。それを考えれば、まだまだ日本の場合、図書館をつくる必要がある。そういう意味では欧米の図書館先進国に比べると、日本の図書館はまだ発展途上国といっていいのではないでしょうか。

好本　図書館の潜在需要に対して供給が遅れているという現状があるようです。続いてのグラフです。このグラフは図書館の職員数の推移を表したグラフです。（七一頁参照）糸賀さん、このグラフからは何が読み取れますでしょうか。

糸賀　これは専任の職員の数を取り出したものなのですが、図書館の数が増えるのに伴って当然職員の数も増えております。しかしながら、この司書の割合を見ますと、職員全体の人数の伸びに比べて司書の人数が増えているわけではありません。司書の配置が十分にいき届いていないということを表していると思います。

好本　本上さん、司書ってどういう方というイメージがありますか。

本上　そうですね、私が通っていた小学校にすごく素敵な女性の司書の方がいらして、いつも穏やかでにこにこしていて優しい先生でした。当時司書という職業自体はあまりよくわからなかったのですが、子ども心に素敵な仕事だなという漠然とした考えは持っていました。何か困ったこととか、調べたいこととかを相談して、それにいいアドバイスをしてくれる方なのではないかというくらいの知識しかありませんでした。

好本　常世田さんは、三月まで浦安市立図書館の館長をしていらっしゃいました。先ほど司書について、思ったほどそう暇ではないと、というお話がございましたが、実際はどんなお仕事なのでしょうか。

常世田　そう暇ではない、のではなくて、大変暇ではないのです。本上さんは非常に幸運な方で、小さいときに素敵な司書と出会われているのですが、なかなかそういう幸運な方はいらっしゃらないですね。今、皆さんは日本の図書館のすべての職員を、専門職と思われているかも知れませんが、役所の水道課とか、人事課とか、土木課にいた普通の職員の方が順番に図書館に行って、それも二〜三年すると本庁に帰ってしまう。そういう形での人事が行われており、なかなか専門職と利用者の方が出会うというチャンスがないのです。

では、専門職とはどういう仕事をするのか。たとえば本を一つ選ぶにしても司書は単によい本を選んでいるわけではないのです。地域の市民のニーズに合った本を選ぶというの

糸賀雅児（いとが　まさる、慶應義塾大学教授）
一九五四年生まれ。東京大学大学院教育学研究科を修了後、慶應義塾大学文学部助手、助教授を経て九七年より現職。この間、日本図書館協会町村図書館活動推進委員会委員長として全国の町村や離島を行脚し、町村長や住民、司書らと図書館をめぐって語り合う。その成果を『図書館による町村ルネサンスLプラン21』(日本図書館協会）としてまとめた。「公立図書館の設置及び運営上の望ましい基準」の策定にも関わる。現在、中央教育審議会生涯学習分科会臨時委員。（写真提供読売新聞社）

をきめ細かくやるのが専門職で、最終的には本を見て、「この本だったらAさんは読みそうだな、この本だったらBさんなら読むな」とピンと来るくらいがベテランの司書だといわれます。最終的には市民が抱えている悩み事とか問題を解決するお手伝いをするところまで、本当は司書ができるのです。

好本　児玉さん、ずいぶん司書の方の仕事というのは奥が深い感じがしましたが、いかがですか。

児玉　まったくそうですね。しかし、今のグラフにもあるように司書の方が増えていないのが問題ですね。ぼくは図書館世代の人間ではないのですよ。古い人間は。

好本　古本屋さん世代ですか？

児玉　古本屋さんはもちろんありましたが、街中には小さい書店がたくさんあって、その書店には本に明るい熱いおじさんたちがいっぱいいたのですよ。ぼくなんか行くと「お前これ読んだか」と啓発されるのですよ。「読んでない」というと、お前これを絶対読めと。また、どんな本を読めばいいかと聞きに行くと、系列的に「こういう本を読んでいけ」と全部教えてくれる。ですから、そういう人たちが、街中の書店に溢れていたことがとてもありがたく嬉しかったですね。だけど今図書館数と職員の数は増えているのに司書の方は増えていないとのこと。司書になるということはそんなに難しいのですか？

好本　そうですよね。

常世田　大学で必要な単位を取ると資格が取れます。

児玉　大学で単位を取れば資格が取れる？

常世田　短大や四年制の大学、最近では大学院課程も増えましたが、そこで必要な単位を取ると司書の資格を得ることができます。

児玉　では、司書のなり手がいないということですか。

常世田　いえ、そんなことはないです。司書の資格を取る人間は多いです。しかしながらそれを採用する自治体がなかなかない。

好本　片山さん、その司書の数が伸び悩んでいるということなのですが、いかがですか。

片山　それは今自治体が財政難で増やせないという事情が多分あるのだと思いますが。それよりも私は、財政が豊かであった時に司書の方をたくさん雇ったかというとそんなことはないですよね。だから基本的には今まで地方自治体が、司書の皆さんの存在とか意義、役

常世田　良（とこよだ　りょう、浦安市教育委員会）

一九五〇年生まれ。民間企業を経て、八三年浦安市採用、同市立図書館へ配属される。九六年より同図書館館長。二〇〇四年より同教育委員会生涯学習部次長。この間、同図書館は専門職による児童、障害者、入院患者へのサービスやビジネス支援サービスなど先進的な取り組みを行い自治大臣表彰、文部科学大臣表彰を受ける。文化庁文化審議会著作権分科会委員、同法制問題小委員会委員、ビジネス支援図書館推進協議会副会長、社団法人日本図書館協会常務理事。主な著書『浦安図書館にできること―図書館アイデンティティ』（勁草書房）

割とか、その大切さについての認識が乏しかったのだと思うのですよね。やはりプロとしての専門性がよくわかっていないと思うのです。鳥取県では司書を充実する、学校図書館にもちゃんとした司書がいなくてはいけませんから、正規の司書を新たに二〇数人採用したのですが、その採用試験をすると、ものすごい競争倍率なのですよ。ということは、さっきの児玉さんの話を受けたものになりますが、なりたくてもなれない人がいっぱいいるわけです。だから供給はあるけれども需要は少ない。そこで鳥取県には何十倍もの人が押しかけて来て、もうよりどりみどりといっては変ですけれども、大変よい人が採用できたのです。ですから、全国で採用しないこの時期は、採用するよいチャンスなのです。

好本　なるほど図書館にとっては。

片山　ですから、採用する気になれば今は本当に優秀な人が採用できます。

好本　そういう見方もありますね。

片山　鳥取県にとってはよいチャンスだったのです。

糸賀　そういう意味で本当に図書館で働きたいという優秀な人材が全国にはたくさんいるわけなのです。そういう人たちが図書館で存分に仕事ができたほうが、資源の有効活用といいますか、人材が有効に活用されるということになると思います。

司会　意欲的な、いわば「熱い」司書の方が潜在的にはいらっしゃるということですね。

糸賀　その通りです。

事例報告1　図書館の情報提供

好本　日本の図書館の現状というのを、まずいろいろなデータで見てきたのですが、実はこうした中で利用者への大変ユニークなサービスを試みている図書館があります。新しい取り組みを行っている図書館の事例を映像でご紹介します。最初は、立川市中央図書館です。ＶＴＲをご覧ください。

〈ＶＴＲ　開始〉

ナレーション　東京都立川市。基地の町として知られていましたが、跡地の再開発が進み、現在多摩地区で駅の利用者数が第一位。また、都内でも数少ない地価が値上がりをしている地域です。立川市中央図書館は駅から遊歩道を歩いて五分ほどのオフィスビルの中にあ

好本　恵（よしもと　めぐみ、フリーアナウンサー）
一九五四年生まれ。七六年ＮＨＫ入局。八一年フリーに。八二年から八四年までアメリカコーネル大学で日本語教育法などを学ぶ。九二年よりＮＨＫ教育テレビ『すくすく赤ちゃん』の司会を七年間務める。現在ＮＨＫの『ペット相談』『ＮＨＫ俳壇』『土曜フォーラム』の司会の他早稲田大学、ＮＨＫ文化センターなどの講師を務める。主な著書『ハッピーチャイルドに育てる19の知恵』（ＮＨＫ出版）、『これは使える！現役ママのあいさつ・スピーチと連絡文・手紙』（小学館）

ります。ビルの二階から四階部分を図書館が占めています。

平成七年に開館した中央図書館は、市内に九つある図書館の中核であり、総面積は四九五一平方メートル、蔵書数三五万冊を誇ります。立地条件からビジネスでも利用者が多く、またビジネス関連の問い合わせがここ数年増加してきたことから、平成一五年からビジネス支援コーナーを開設しました。従来の縦割りの行政枠を超え、資金面でも運用面でも、市の産業振興課と商工会議所との連携を図っています。

職員（男性A）　ハードの町づくりというのでしょうか。そういう土地基盤整備がだいたい終わってきましたので、今度はソフトの町づくりということになってくるかと思うのです。そうした中で、業務系のビルなどがかなり建ってきまして、ＩＴ関係とかそういう方の集積も見られてきましたので、そういう方々を支援するとい

図書館紹介◆立川市中央図書館（東京都）

立川市立中央図書館は、立川駅から五分の再開発地域に建ち、アクセスのよいところに立地しています。一九九五年（平成七年）一月に開館以来、今年で十年目に入り、生涯学習のための情報拠点施設として多くの市民に利用されています。中央図書館は、市内にある八つの地区図書館の要として機能し、市民の身近にある地区図書館を様々な面で、バックアップしています。ＩＴの活用も積極的に行い、当館の所蔵情報はもちろんのこと、当館独自に地域情報の

ヤングアダルトコーナー

う一つの意味もございまして、ビジネス支援という名目でやっていこうと考えたわけです。

職員（女性A）　ビジネス機能と同時にレファレンス機能の拡充を図りました。レファレンス専門の係を六名配置し、より正確で迅速な情報提供に努めています。

利用者（女性）　どの方に相談させていただいても、すごくいろいろなところから情報を調べて下さって。

職員（男性B）　インターネットの情報を有効に活用するし、本の情報も有効に活用する。その情報をうまくミックスさせて情報提供できるというのが図書館だと思いますし、我々職員はインターネットも使える、図書も使えるという知識や技術が必要なのだと思います。

ナレーション　立川市の活性化につながる一つの試みとして、図書館のビジネス支援が注目されています。

〔VTR　終了〕

ビジネス支援コーナー
パンフレット類まで備えている

発信も行っています。また、さまざまな情報相談に応じられる体制を整え、活字情報だけでなく、インターネット上の情報や各種の外部データベースを活用して、より的確な情報提供に努めています。そして、地域活性化に向けたビジネス支援サービスも、市の産業振興課と連携をしながら行っています。高度情報化がますます進む中、従来からある〝図書館という空間〟の良さを忘れずに、新しい時代の地域の情報拠点を目指しています。

好本　立川市中央図書館、その取り組みをご覧いただきました。児玉さん、ビジネス支援という言葉が出てきましたが、いかがでしょうか。

児玉　先ほど片山知事の基調講演の中で、日本にとって人材が大切な資源とおっしゃっていました。やはり日本が世界と戦っていくためには知的な面を磨いていかなくてはならないのは当然のことでしょう。それはもちろんビジネスに生かされなくてはいけない。これからは差異性といいましょうか、他とは違ったユニークな特別なものを持っていなくては勝っていけない。そういう意味でベンチャー企業を応援するなんていうのは素晴らしいことで、この点に関しては、ぼくは立川に住みたいですね。そういってはなんですが、ぼくの住んでいるところの図書館はものすごく遅れているんです。ちょっとお聞きしたいのですが、立川は誰が決めてこういうことをしているのかな。これはどなたがしているのですか。これは市長が偉いのですか。

好本　いろいろでしょうね。行政だったり、市民だったり。

糸賀　図書館員からの発想だったりすることもありますし、当然市役所にもニーズがあったりします。そういう図書館側からの働きかけに応じたものだと思います。つまり産業振興課と教育委員会社会教育課とが一体となって、地域の住民、あるいは地域のビジネスのために、図書館がもつ資源を有効活用しようという発想だろうと思います。

児玉　都市型の図書館の一つの方向を示していますよね。そうでしょう、インターネットとビジネス資料を結びつけて、しかもレファレンス係が何人もいて、そういう人たちがちゃんと道案内をしてくれる。すごいなと思いますね。

好本　本を貸してくれる所という今までの固定観念とは全然違う広がりが感じられますよね。本上さん、本も読める、インターネットも使える、両方という話が今ありましたが、いかがでしたか。

本上　私は今、「トップランナー」という番組の司会をさせていただいているのですが、毎回さまざまなゲストの方をお迎えするにあたって、資料を集めるのは大切な仕事です。スタッフの方もいろいろと用意してくださるのですが、やはりそれだけでは心許ないというか、自分でももうちょっと広げておきたいという時に、インターネットはよく使います。手っ取り早い情報収集のためにはすごく便利なのですが、インターネットで検索すると、あまりにも情報が多すぎてなんだか宇宙に迷い込んだような気になります。一つの単語を入力しただけで驚くべき数がヒットしますよね。ではそこで何をチョイスしていいのか、さっぱりわからなくなってきてしまう。ですからこういった形で、図書館でアドバイスをしていただける、ナビゲーションをしていただけるというのはすごくありがたいシステムだと思います。

図書館でそういったインターネットを活用しているものって、最近では多いのでしょうか。普及率はどのくらいですか。

糸賀　日本の公共図書館にもインターネットの波は押し寄せておりますので、今、九〇〇をちょっと超えるくらいの自治体の図書館でインターネットを通じて本の検索ができます。ですから本上さんも自分の家からインターネットを通じてそういう図書館の本の検索ができますし、場合によっては携帯電話から検索することもできます。他に電子メールを使って図書館にいろいろと相談をする。本のことか調べものの相談を持ちかける、なんてこともできる図書館も増えてきています。今九〇〇と言いましたが、これは図書館を設置している自治体のちょうど半分くらいです。残りの半分くらいはまだインターネットを使って本の検索はできません。

ただ、気をつけていただきたいのは、実はすべての自治体が、図書館を設置しているというわけではないのです。つまり図書館のない自治体というのがまだまだあるのです。町村という自治体を考えると、日本で二五〇〇くらいの自治体が町村と呼ばれていますが、そのうち図書館があるのは四〇パーセント、四割だけなのです。ですから残りの六割にはそもそも図書館がありませんので、そういうところの蔵書についてインターネットで調べようにも、そもそも図書館がありませんから、残念ながら調べられません。図書館のある自治体の半分くらいで、インターネットに所蔵情報を公開しているということになります。

好本　そうすると、それぞれの図書館が持っている情報には相当幅があるということになりますね。

糸賀　そうですね、だからそういうインターネットで本の検索をし、場合によってはメールを使って予約を入れておいて、あとで自分の都合のよい時にその本を取りに行くというようなことができて快適な図書館ライフを過している方もいれば、自分の周りに全然図書館もない、大変貧しい読書生活を強いられている方もいるということで、非常に格差は大きいですね。

好本　常世田さん、VTRの中でレファレンスという言葉が出てきましたが。あまり馴染みがない方もいると思いますが。

常世田　レファレンス・サービスの便利さを言葉で説明するのはなかなか難しいのです。腐ったりんごと青いりんごしか食べた事の無い方に、美味しいりんごの話をするようなものです。何か困ったと思った時に図書館に行くという感覚は日本ではあまりないのですが、何でもいいから図書館に行って、これで困っているというと、そこの司書がそれについてのヒントとか答えをぱぱっと用意をして、この順番でこの本を読んでください、そうすればあなたの問題の解決はある程度図れますよ、というのがレファレンスだとお考えください。

たとえば浦安の図書館で、数寄屋造りの屋根についてずっと研究している大工さんがいて、自分の仕事のスキルアップのために非常に専門的な本を司書と相談して次々にリクエストされたりしました。あるいはアトピー症の自分の子どもをどこの病院に連れていけばいいのか、ということとか。裁判をやっているのだけれど、その裁判の関係のことで調べなければいけないことがあるからといって、飛び込んできた方がいるとか。要するに私たちがカウンターに座っていますと、今日の夕飯をどうすればいいでしょうか、という方から、私はどうやって生きていけばいいのでしょうか、ということまで順不同で来るわけです。それに対して図書館が持っている本とか雑誌とかデータベースとかというのを駆使してヒントや答えを出していくというのが、レファレンス・サービスです。私どもの図書館では年間一二万件、一分一〇秒に一件くらい、そういうことに対応させていただいているのです。

好本　大変なんですね。

児玉　今晩の夕飯のことも答えているのですか？

常世田　はい、答えます。たとえば、「片栗粉でとろみをつけるにはどうしたらいいでしょう」「それならこの本を読んでください」というような具合です。

好本　レファレンス・サービスというのは本当に幅が広くて、相当知識の幅と深みがないといけないという感じになってきましたが。

常世田　でも、すべてのことを知っているわけではないのです。私たち図書館員は別に知識があるわけではなくて、調べ方を知っているだけなのです。

好本　なるほど。片山さん、今のVTRを見ていると従来の縦割り行政の枠を超えて何かうまく連携しているような印象がありましたね。

片山　ありました。従来のやり方でいきますと、たとえばビジネスを起こす、起業ということですと、それは産業行政になるのですね。役所でいいますと商工部などで扱いましょうと、そうしますと商工会議所に資料室をつくってそこに必要なものを置いたらいいのではないかというような発想になるわけです。それから職を求める人が何か必要な資料とか情報を得たいと、こうなると今度は労働行政になるので労働行政のコーナーの関係のところに、何か資料を置いたらいいのではないか。

図書館というのは教育委員会の生涯学習の担当のところの出先機関になりますから、生涯学習を重点にしたらいいのではないか。これが役所の縦割りで、役所はどうしても縦に割れていますから、これはしょうがない面があるのですね。その縦割りのまま地域とか住民の皆さんに接しようとするのです。ところが本来は主体である受け手の方の住民の皆さんは縦に割れていませんから、トータルな存在ですよね。トータルな存在なところに縦に割れたまま役所が対応しますから、役所は縦割りで全然不親切だとなるのです。

ところが、さっきのＶＴＲを見ていますと、本来ならば商工行政とか労働行政に属するようなことを、図書館の中で全部トータルに、いわばワンストップに受けましょうということですから、私はこれは非常によいと思います。決して教育委員会の教育行政とか生涯学習の分野だけに閉じこまらないで、すべての市民、トータルな市民を相手にしましょう、という教育委員会の姿勢というのは私はよいと思います。これからはそうでなくてはいけないと思います。

好本　常世田さんのところではビジネス支援というのをなさっているのだそうですね。

常世田　先ほど立川の図書館でもビデオで出ましたが、私の図書館は実は一〇年くらい前から大人の利用がだんだん増えてきて、当時ですでに大人の利用が子どもの三倍というようなレベルに達したことから大人のための図書館を目指そうということで一〇年以上取り組んできました。そうなると当然のことながらビジネスに関係する質問がどんどん出てくるようになります。そういう状況を当時の通産省の方が見に来たり、いろいろな経過があって、ビジネス支援サービスというように、きちんと名前をつけたらいいのではないか。つまり、首長とか議員の方は図書館が実際に地域の活性化に役に立つことをやっているのですが、なかなかそういうイメージを持っていただけないので、わかりやすい名前をつけてしまおうということで、名前をつけました。ですから、このビジネス支援サービスというのは名前自体は新しいのですが、実際はレファレンス・サービスを通して事実上やってきたといってもいいと思うのです。

ちょっと写真を見ていただきたいと思います。これは、浦安の図書館の中に市民の方がつくったワークショップがあります。それは現役のサラリーマンの方がほとんどなのですが、いずれ起業しよう、創業しようというような方々が集まって勉強会をやっているそのセミナーの写真です。アメリカでビジネス支援をやっている図書館の司書の方に来ていた

ビジネス支援の勉強会

だいて、その方にアメリカの現実をお話していただいているところなのです。たとえば自社ビルの屋上にネオンサイン灯をつくりたいのだけど、そのための積算の資料はないか、エチオピアから豆を輸入したいのだけどその時に何か規制はあるのか、大規模工場に売り込みたい商品を扱っているのだけど千葉県内の大規模工場の年間の電力消費量が知りたい、そういう質問に対して図書館は答えていく。これは当然図書館だけでは無理なのです。先ほど知事がおっしゃったように、浦安市の商工観光課や商工会議所、あるいは地元の大学の経済学部とか、浦安の場合には東西線一本で早稲田大学が近いのですが、そういう大学でインキュベンションセンターを持っている所と連絡を取ろうということも検討中です。そういうところへ図書館員が出かけて行って、いろいろ情報を集めたり調整をしたりして、そのビジネス支援のための地域のハブのような働きを図書館としてやっていこうというようなことが、私どもでやっているビジネス支援といっていいと思います。

好本　図書館はやはり地域の女性や子どもがたくさん行くところというイメージがあるかも知れませんが、ビジネス支援となるとサラリーマンやビジネスマン、さらにこれから事業を起こそうという方も行けるようにいろいろな工夫もなされているということなのでしょうね。

常世田　重要なポイントがあります。仕事を支援する機関はたくさんあるのですが、いざ行こうとした時にそういう機関はどこにあるかもわからない。行ったこともないから非常に敷居が高い、だから図書館がやる意味というのは、皆さんがどこにあるか知っている上に、日常的に利用していて敷居が低いところであるというのが非常に重要だといわれています。

事例報告2　地域密着型図書館

好本　ありがとうございました。図書館のビジネス支援という新しい試みについてご紹介したのですが、地域の特性を生かし地域に密着した取り組みを行っている図書館もあります。ご紹介します。滋賀県の愛知川町立図書館です。ＶＴＲどうぞ。

〈VTR　開始〉

ナレーション　琵琶湖の西側に位置する滋賀県愛知川町、人口およそ一一〇〇〇人。中仙道の宿場町の面影を残す町です。まだ田園風景の残る町の中心部に、愛知川町立図書館があります。面積一二〇〇〇平方メートルの敷地内には、図書館の他子どもたちの遊び場やビオトープが設けられています。ビオトープにはめだかやザリガニが生息し、子どもたちの自然観察の場になっています。

愛知川町立図書館の利用者数は、平成一二年の開館以来増え続け、平成一五年度の貸出し冊数は一人あたり二〇冊、全国平均のおよそ四倍に達しました。

入り口にいたる壁も地域の情報提供の場として活用しています。エントランスホールにはピアノが置かれ、時にコンサート会場に変わります。

この日、図書館の一室を利用し愛知川の伝統工芸である、びん手まりの講習会が開かれていました。愛知川町立図書館では、地域の暮らしや伝統文化をテーマにしたイベントの開催、自然や文化財の情報提供など、地域に密着したサービスを行うことで、利用者を増やしてきました。

図書館の面積は三〇〇〇平方メートル。現在一〇万冊の蔵書があります。書架の高さは一四五センチ。書架と書架の幅は二メートルを確保し、お年寄りや車椅子の方に配慮した造りになっています。
地域行政コーナーが愛知川町立図書館の特徴の一つです。ここには新聞のチラシ広告や食堂のメニューや求人情報が置かれています。「町おこしカード」は、住民から提供された情報を地域の自然や文化財保護に役立てるものです。

館長（男性） ひょっとしたら農村の生活と図書館というものの間に、距離があるのではないかということがありまして、まだまだ図書館の魅力を感じ取っていらっしゃらない方々に、図書館においでいただくためには、地域の特性に合わせた点を考えて、基本を踏まえつつ、やはりオリジナリティのあるものを考えていかないと、図書館というものに出会う機会がないと思うのです。

職員（女性） 図書館があることで、生活が少し潤った、豊かになった、これによって私は興味がすごくいろいろな分野に広がったといってもらえるような図書館にしていきたいと思っています。

図書館紹介◆愛知川町立図書館（滋賀県）

愛知川町立図書館は平成十二年十二月十二日に収容能力二六万冊の図書館として開館し、三年が経過しました。愛知川町の人口は約一一〇〇〇人ですが、開館以来利用者が増え続けており、図書館の利用登録者は約七〇〇〇人を越えました。また、平成十五年度の貸出冊数は約二一万冊でしたが、開館以来毎年前年対比約

館内で行われたクラシックコンサート

ナレーション　地域に密着した図書館を目指す愛知川町立図書館の試みはこれからも続きます。

〔VTR　終了〕

好本　何とかして地域の方々に図書館を利用してもらおう、来てもらおうという非常に熱心な姿勢が感じられました。本上さん、愛知川町立図書館のVTRをご覧になっていかがでしたか。

本上　非常に親しみが持てる図書館だなと思いました。たとえば買いものの帰りにちょっと疲れたから休憩がてら寄って行こうかなとか、何か新しい雑誌を読みたいから寄って行こうかなとか、そういうことを思いつく身近な存在だと感じました。町の人みんなが集まれる公民館的な要素もあるんですね。エントランスのところに貼ってあった「蛍マップ」とか素敵ですよね。何かそんな季節になったらあれを見て行ってみようかなと思わせますよね。

二〇％増で推移しています。なお、現在の蔵書数は約一〇万冊で、雑誌が三〇四タイトル、新聞が15紙あります。

活動内容の主なものとしては①利用を導くための資料群の形成（毎年約一二〇〇〇冊の資料の購入）②さまざまな展示活動の開催③さまざまなコンサートの企画④さまざまな地域情報の収集活動⑤エコミュージアムのサブコア機能⑥生活に根ざした資料の収集及び提供が挙げられます。

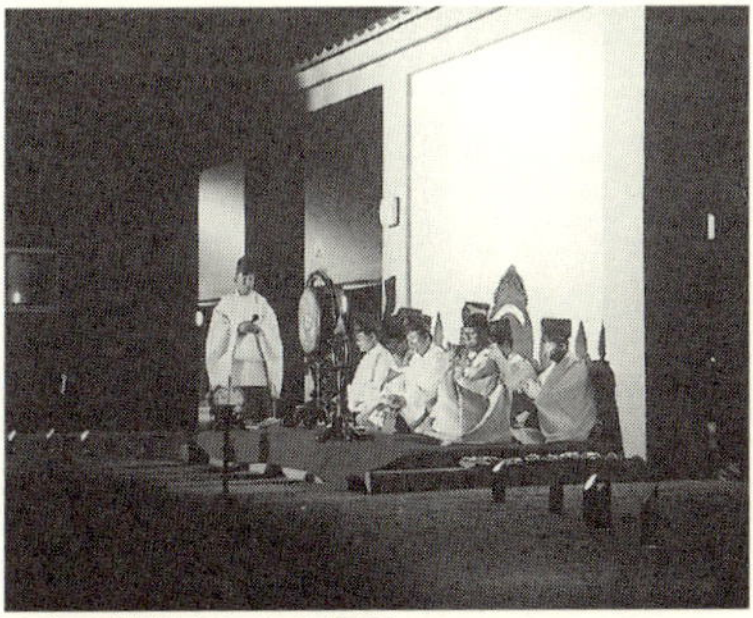
町内の雅楽会による演奏

好本　遠くからも行きたくなるような。

本上　ええ、本当に。行ってみたいなと思いました。

好本　児玉さんはいかがですか。

児玉　同じですね。今家庭に本棚のある家はすごく少ないのですよ。我々の世代はどこの家庭に行っても本棚があって、まず入ったら部屋に本棚があるといった感じだったのですよ。今いろいろな事情があってそうではないのでしょうから、ますます図書館というものの存在価値が大きいと思います。だから気持ちのよい所だから行ってみたらそこに本があった、という形でいいと思うのです。この愛知川町立図書館はそうでしょう。行ってみたいですよね。広々として、まして都会に住む人間であれば行ってみたいですよ。行ったらそこに本もある。ぼくは素晴らしいと思いましたね。こういう形でどんどん特性を出していけば、図書館というのが、本上さんがおっしゃったように、公民館的な雰囲気やいろいろな面でコミュニティの中心になるということで、これはすごい取り組みだと思います。

司会　糸賀さん、小さな町ならではの、利用者の顔が見えるようなサービスということなのでしょうか。

糸賀　ひと口に図書館と行っても、ずいぶん地域によって違うということが皆さんおわかりになっただろうと思います。先ほどの立川のような都市型の場合と、今の愛知川のような、いわば農村型といいますか、それぞれにその地域に合わせたサービスの仕方を工夫してやっていらっしゃいます。これはもう館長以下、図書館の司書の発想と努力だろうと思います。

特に愛知川の場合には、周辺にあまり大きな文化だとか情報が集まるところがないわけですから。都会ですと、ちょっと電車に乗れば映画館もあればコンサートホールもあると、いろいろあるのですが、逆に愛知川のようなところでは、図書館が地域の情報を集める拠点となって、こんどはそれを地域の人たちに還元する役割を果たしています。それだけ図書館に対する依存度が高くなっているわけですよね。だから先ほど本上さんが、公民館的な要素も、といわれましたけれども、資料があってそこに人が集まるからこそ、びん手まりの講習会なんていうものをやっても、十分成果があがるわけですよね。文字通り愛知川の図書館は地域の情報拠点としての役割を担っている、本当によい例だと思います。

好本　では続いて、もう一つの事例をご覧いただこうと思います。こちらは沖縄県石垣島にあります、石垣市立図書館です。どんな取り組みを行っているのでしょうか。映像をご覧ください。

〔VTR　開始〕

ナレーション　石垣市立図書館は日本最南端の公共図書館として、平成二年に開館しました。島の伝統である赤瓦の大きな屋根が特徴の建物は、平成四年に日本図書館協会建築賞優秀賞を受賞しました。

図書館利用者の登録率は島の人口の実に八割近く。市の中心部にあることと、外光をふんだんに取り入れた開放的な空間が人気となり、子どもからお年寄りまで幅広い年齢層の利用者があります。図書館離れの激しい中学、高校生のためのスペースが十分に用意されていることも特徴です。

オリジナルの特設コーナーを各所に設け、定期的にテーマを変えることで、利用者に常に新しい情報を提供しています。児童書コーナーでは従来の分類法によらず、子どもたちにとってわかりやすく、興味を引きやすい分類を試みています。また、島に伝わる民話の読み聞かせにも力を入れています。二階にある、八重山地域情報センターには、八重山地方の地域資料が豊富に揃えられています。また沖縄の古文書の七割以上が石垣島に残っているため、古文書の収集、保存にも力を入れています。観光客が多く訪れる石垣市立図書館では、短期滞在の利用者への貸出しなど、観光客向けのサー

図書館紹介◆石垣市立図書館（沖縄県）

伝統的な赤瓦屋根が特徴の石垣市立図書館は、平成二年に日本最南端の公共図書館として開館し、今年で一四年になります。開放的で、光をふんだんに取り込んだ館内は利用者からの評判もよく、平成四年には日本図書館協会建築賞優秀賞をいただきました。平成十一年には、八重山関係資料のみを集めた八重山地域情報

島につたわる民話の紙芝居

ビスも行っています。

利用者A（女性）　借りられるかどうかわからなかったのですが、一応聞いてみようと思って、聞いたら借りられるということで。

利用者B（男性）　〔英語のコメント〕職員の方がとても親切で、パソコン検索で困っているときも助けてくれました。（テレビ画面のテロップより）

ナレーション　閉館後、入り口にダンスのレッスンをする若者たちが集まってきました。図書館が場所を提供しているのです。

館長（男性）　図書館の周辺に人が集まるというものの、そういう文化を創れれば、それが連鎖反応で大変よいことだと。また彼らもボランティアで時々お掃除などもしてもらっているので、将来プロが出るように応援していきたいと思っています。

ナレーション　石垣島では若者の新しい文化の創造に図書館が一役買っています。

センターを設立、現在三人の担当職員を置き八重山に関連する資料を網羅的に収集、整理、保存し利用者に提供しています。平成十五年度末の蔵書数は約二一万冊、貸出総数は一九万五三六冊、利用登録者数は三万六一九五人となっています。年間を通しての主な活動内容は、著書を語る講演会、自由研究方法講座、季節の行事に沿ったお楽しみ会やミニコンサート、地域文庫活動などです。特に著書を語る講演会は、著者をお招きして自著についてお話を伺うもので、市民から好評を得ています。

ハテルマシキナ朗読交流会

〔VTR　終了〕

好本　南の島ならではのユニークな図書館でした。本上さん、いかがでしたか。

本上　楽しそうですね。本当に旅先にあったらうれしい。観光案内所的な要素もありますし、短期滞在の方に本の貸出しをしてくれるというのは、すごくありがたい取り組みだと思いました。何だかとても活気があっていいですよね。けっこう冬眠していそうな図書館も前に行ったことがあって、あらあら残念、大丈夫かなと思った時もあったので、こういった図書館はいいですね。立地というか建物も素敵ということもすごく大事な要素なのかも知れませんが、温かみがあるということは、そこで働いている方々のスタッフの要素も非常に大きいのではないかとちょっと思いました。

好本　児玉さん、本離れが進んでいる中高生の母の私としては、何だかとても羨ましい感じがしたのですが。

児玉　それに、老後は。ぼくはもう老後なのですが、石垣島に行っても大丈夫ですね。これがものすごく嬉しいことと、本上さんもちらと触れられたけれど、ぼくは旅をする時に本が一番問題なのですよ。たくさん持って行きたい、でも重い。年をとって来るとどうにもならなくなるのですね。ですから、石垣島に行けばそこに本があるという。これはすごくありがたいですよ。ですから、そういう図書館がどんどん充実してくれたら、何も本を持たないで旅をするという夢が実現できると思います。

好本　ああいう図書館は、企画をなさる図書館のスタッフの方も楽しいのでしょうね。

児玉　そう思いますけどね。こういうものはどこが決めるのでしょうね。さっきから見ていて。やはりトップの人が見識があるからそうなるわけなのでしょう。

好本　糸賀さん、「冬眠」しているような図書館から生き生きしている図書館までの幅がある。この差はどうして生まれるのでしょうか。

糸賀　確かにトップの考え方というのは、行政の中で図書館をどう位置づけるのかという問題に直結しますから大きいです。それと、やはりその図書館をリードしていく館長が、地域の中にこういうニーズがあるということを敏感にとらえて、それに対応できるような体制を整えていくことも重要です。それにしたがって、今度は司書を始めとした職員の方がそれに合わせて動けないとどうしようもありません。そういう発想と機動力でしょう。ですから、今度、石垣では、本上さんや児玉さんがそこにいらっしゃるのでしたら、子育て支援だけではなくて、俳優支援コーナーというのを設けなければいけないかも知れませんね。

児玉　ありがとうございます。

好本　片山さん、三つの例をＶＴＲでご紹介したのですが、住民へのサービスという面で、どうですか、ご意見をお聞かせください。

片山　その前に、トップとか館長という話が出ましたけど、それは私は重要だと思います。トップとか館長とかが、どういう見識を持っていてどうリードするかというのは非常に大きな要素ですよね。

もう一つは現場の司書の皆さんも、やはり抱負とかあるのですね、考え方が。それがいかにうまく政策に取り入れられるか。私は県立図書館の司書の皆さんと意見交換をしますと、なるほどと思うことがあったりするのです。ですから、現場で真剣に考えている皆さんのアイデアとかが、ちゃんと取り込まれるということも重要だと思います。

今の映像を見ていますと、いろいろなことを感じさせられました。本当に生き生きしている、自発的に館長以下のスタッフの皆さんが、生き生きと市民の皆さんに、何をサービスとして提供すればいいのかを常に考えていると思いました。

それからもう一つ印象的だったのは、従来の図書館はどちらかというと待ちの姿勢なのですね。本をそろえていて、借りに来たから貸してあげます、返してくださいよ。ところが、あの三つは非常に能動的ですよね。もう図書館の側で市民の皆さんにどういうことを提供すればいいのかを考えて乗り込んで行く。プレゼンテーションをしていく。積極性があって、戦略性がありますよね。それが非常に私は印象的でした。それからもう一つは、地域の文化とか歴史とか伝統とか、そういうものをしっかり守っていくということもありましたよね。自然もそうです。その中でおもしろいのは、ダンスの場を提供する、表現の

小学校での司書の読み聞かせ

場を提供するという、新しい文化を創っていこうということで非常に私は感銘を受けました。

好本　とりあえず、若者が集える場所というのが必要だと、きっと皆さんお考えになったのでしょうね。

片山　高齢者の皆さんも若い人も頼りになる拠り所として図書館が位置づけられるということは、私は非常に重要なことだと思います。

好本　常世田さん、浦安市立図書館でもさまざまな地域へのサービス、取り組みを積極的になさっていますよね。

常世田　浦安はご存知のように、先ほどの立川と同じように都市型です。サラリーマンの方とか元気な方は情報について多様なチャンネルを持っているのですが、都市型の町でも地域からなかなか出て行けない方もいます。

長期入院している子どもたちへの読みきかせ

それは子どもたちであったり高齢者の方であったり、ハンデキャップを持った方たちなのですね。浦安の場合には地域密着型サービスというと、この方たちに対するサービスということになるのです。

写真をご覧いただきたいと思うのですが、これは小学校で浦安市立図書館の司書が子どもたちに対して読み聞かせをしたり、ストーリーテリングといって素話をしたりしているところです。幼稚園、保育園、学童保育、小中学校などに年間九〇〇回司書が、（ボランティアの方ではないのです）でかけております。平日しか行けませんので、九〇〇回というと、毎日三～四か所、雨の日も、風の日も、雪の日も、司書が出かけて行っているということなのです。

それから、もう一つ、次の写真を見ていた

病院の図書コーナー（図書は図書館のものを提供している）

だきたいのですが、左に看護師さんが座っています。これは浦安市内の、公立病院の小児科病棟のプレイルームというところで、図書館の司書が、長期入院をしている子どもたちに読み聞かせをしているところです。長期入院している子どもたちに対しては、学校の先生が授業をしに行くのですが、メンタルな面でのフォローがなかなかできないのです。そこでこういうことを月に二回、毎月やっておりますが、子どもたちが本当に読み聞かせとかには飢えているという感じですね。非常に喜んでくれています。

それから、その次の写真を。浦安市内には今お話しした公立病院と、もう一つ大学の附属病院があります。それぞれ四〇〇床、六〇〇床くらいの総合病院なのですが、その双方の病院に、ここで見ていただくような図書コーナーをつくっていただいて、本は図書館から持ち込みをさせていただいています。だいたい三〇〇〇冊くらいの本なのですが、これは定期的に中身を入れ替えます。そして週に一回か二回、司書がここに出かけて行って、このコーナーに座ります。そして患者さんや病院の関係者から本の相談を受けたり、リクエストを受けたりします。これは何のためにやっているかといいますと、患者さんが前向きな精神状態になると免疫が高まる、ナチュラル・キラー細胞が増えるといわれていますね。そういう前向きの精神状態に患者さんになっていただきたいと思ってやっています。

それからもう一つは、インフォームド・コンセントといって、自分の医療は自分で決めるということが日本でも進み始めていますね。お医者さんと議論をする時に議論する相手から情報は、取れないのです。自分の病気についての知識を持っていただくということをやっているというところです。

図書館の可能性

好本　ありがとうございました。全国で始まっているいろいろな意欲的な例をご紹介したわけですが、さあ、これからはパネリストの皆さまと図書館のあるべき姿、図書館の可能性について話し合っていきたいと思います。本上さん、今日は意欲的な例をいろいろ見てきたのですが、図書館に対するイメージはどうですか、大きく変わったのではありませんか。

本上　そうですね。本当に意識の変化が感じられました。私が以前通っていたところでは、読みたい本がすぐに手に取れない状況にある図書館も中にはあって、読みたい本を申請してスタッフの方が書庫から出してきて下さるシステムだったんですね。何度もお願いするのが少し気がひけてしまって。本当にオープンな雰囲気で気軽に声をかけられるような、そういうスタッフのいる図書館は、やはり、また行きたいと思いますよね。

好本　本上さんは、理想の図書館というか、こうであったらいいのにという要望は何かありますか。

本上　やはり何か目的があって、何かを調べに行く。そのために図書館に行くというだけではなくて、本当にカジュアルな感覚で、いつでも通えるような、そんなオープンな図書館がいいですね。またそこで働いているスタッフの方々が、匿名というような形でお仕事をされているのではなく、たとえば、顔写真付きで「私が一番好きな本はこれです」とか、「このことに関しては何でも聞いてください」というようなカードをつくって、壁に貼ってあったりすると声をかけやすくなるような気がします。そういうオープンな雰囲気づくりをしてもらえたら嬉しいです。

好本　どんどんアイデアが湧いて来ていますね。児玉さんはいかがですか。

児玉　そうね、やはり人ですよね、つまる所。だから図書館で働く方々に本好きな人たちが集まって、本が好きな人たちがいてくれたら、自然と周りも染まるわけですよね。

それと一つお願いは、ぼくはいつもいっているのですが、「面白本」、いわゆる世にいわれる「エンターテイメント本」というのは、どちらかというと軽視されがちなのです。図書館というと難しい本が置いてあるみたいな。もちろん難しい本は置いてもらいたい。だけれども「面白本」も充実してもらいたい。なぜならば、現代を一番映し出しているのが「面白本」なんですよ。世間でいうエンターテイメント。これにはあらゆる人間と社会の知恵がこめられているのですよ。ですのに、今の人たち、企業のトップに立つ人たちも、あまりそういう本を読んで育ってないものだから、単純な、後ですぐにばれてしまうようなことを平気でやったりする。こんなことは本の中にいくらでもあるわけです。もうあらゆる権謀術策が描かれていて、悪い奴のこともよくわかるし、人の悪事を客観的に見て笑うこともできる、いろいろな意味でおもしろい本の中にはエッセンスが詰まっているのです。ですから図書館はぜひこれから、難しければ文学、おもしろいと大衆文学と色分けをしないでいただきたい。世界的にそういう傾向があるのです。『三銃士』のデュマもさんざん大衆文学としておとしめられたのですよ。でも生誕二〇〇年を記念して一昨年、ちゃんとユゴーと同じように国民的英雄として称えようと、わざわざ棺を掘り出してパンテオンの地下のユゴーの隣に埋葬し直したのです。今もって全世界で読みつがれているデュマの「面白本」というのも見直したのです。ですからぜひ「面白本」を充実させていただきたいと思っております。

好本　そうですね。また私は主婦としては「面白本」プラス「実用本」、それからベストセラーもすぐ借りられる、すぐ予約リストに入ってしまうのですね。「四〇人待ちです」なんていわれてしまうので。そして一方で本当に専門的なものを調べたかったらちゃんとあるという図書館であってくれたらと思います、さらに専門の司書の方が、困ったら、「ではこの本を見なさい」と指導して下さって、さらにインターネットだったら「これを調べなさい」と、たくさんある中から振り分けをしてくれる。ですから、自分の書斎のようでもあり、はたまたリビングのようでもあり、コミュニティの場所でもあり、なんて夢が広がってしまうのですが、糸賀さん、こんなのは贅沢でしょうか。

糸賀　意外な展開になってきたのでちょっと戸惑っているのですが。いろいろとご要望が盛りだくさんで全部実現するのはなかなか大変ですけれど。今本上さんから開架のお話しが出ました。昔は閉架式の書庫で司書に「この本が読みたい」といって請求しないと出てこない。今は先ほど紹介された三つの図書館もそうですが、広い開架のフロアがあって自由に本を手に取って見られるように変わってきておりますので、ぜひ方々の図書館に行っていただいて開架の醍醐味を味わっていただきたいと思います。

児玉　すみません、「カイカ」とはどういうことですか。

糸賀　失礼しました。開架というのは書架が開いている、開かれた書架ですね。つまり利用者に対してオープンになっている、開かれているという意味です。それに対して書庫に入っているのは閉架、閉じた書架ですね。これはクローズになっているということなのです。ですからこの開架フロアが広がっていったということが図書館の利用・貸出しを伸ばしたということで、かつてこれを図書館の文明開化とおっしゃった方もいるのですね。それくらい大きなことだったのです。

その他に、さっき本上さんが、図書館員がそれぞれ顔写真を写し、私が気に入った本とか壁に貼ってあると何だか親しみが持てて声をかけやすくなるという話がありましたよね。それをもう実践しているところがあります。

本上　えっ、そうなんですか。

糸賀　私が実際に見たのは兵庫県のある市立図書館で、壁に職員の顔写真が全部貼り出してあるのです。しかも、何とそこにごていねいに、星一つとか、星二つとか、付けられていて五つ星の人もいるのですよ。これは何を示しているかというと、図書館での経験年数を示しているのです。初心者の方は白い星一つ。図書館経験一〇年以上は黒い星が五つ並んでいます。それで利用者の人も、この人だったら経験があるなとか、わかるようになっていますので、それでいろいろと相談することができる。なかなか私はおもしろいと思いました。これは館長のアイデアだそうです。当初はずいぶん職員から反対されたといっていました。結局は、館長自らデジタルカメラを持ってきて、職員をひとりひとり写して、それで壁に貼ったということでした。それで、利用者の方からは大変評判がいいと聞いております。そういうふうにアイデア一つでいろいろと利用者と図書館の距離を縮める、さらに本と利用者の距離を縮めるということもできると思います。

先ほど児玉さんや好本さんからも、おもしろい本、そして実用的な本、なかなか本屋さんでは手に入らないようなものを図書館でそろえて欲しいという声がありました。私は先ほどの石垣の図書館で感心したのは、八重山関係の資料をちゃんと集めているということです。これは図書館でないとできないのです。本屋さんができるというわけでもない。やはり、地元の図書館でこそ地域資料を大切に保存して、利用できるようにしていくことが必要です。図書館というのは、いってみれば、こういう間口の広さを持っているのです。

その中で後はどうやって優先順位をつけていくか。児玉さんがおっしゃるような「面白本」もこれはあった方がいいでしょう。やはり現代社会の世相を反映したようなものは、時代感覚を鋭敏にする意味でも持っていなくてはいけないと思います。

それから一方で実用書も必要でしょう、地域資料も必要なのです。それが充足できるためにはやはり十分な資料費、これが図書館についていないとできないということになります。まだまだ日本の図書館の場合には、欧米に比べると図書館の資料費が十分ついていないために、いろいろと不満が出てきてしまうということにもなります。

好本　常世田さん、浦安市立図書館にいらした二〇年間、やはり限られた予算の中で皆さんいろいろ工夫なさって来たと思います。限られた予算の中でも図書館は非常に可能性のあるところなのではないかという気がするのですが。いかがですか、図書館の可能性ということについてお話し下さい。

常世田　そうですね、図書館は打出の小槌ではありませんので、可能性を花開かせるためにはやはり最低限の人、金、ものがいると思うのです。結局、金の問題かとお思いになる方がいらっしゃるかも知れませんけれども、アメリカの場合と比べれば、人口は日本の二倍ですけれど、図書館にかけている全体のコストは日本の六倍くらいあるのですね。それプラス、国民や企業からの多額の寄付があります。たとえば、ビル・ゲイツが去年シアトルの図書館に五〇〇億円寄付をしました。そこで、今シアトルは新しい図書館を建てています。そういう話は珍しくないのです。ものすごいコストをかけて運営しています。

私はこれから図書館の可能性をお話したいのですが、日本でももう少しお金をかけてもいいのではないか、と思っています。図書館の可能性ということで外せないのは、一つはどういうものを市民に提供するかということだと思うのです。今まで本の話が中心になっていますが、やはりこれからはインターネットを始めとしたデジタル系のデータベースの情報を提供するということがポイントになってくると思います。ただ、そうすると本はいらないのか、という話にすぐなってしまうのです。日本は不思議なことに、白か黒かということにすぐなるのですが、図書館はそうではなくて、二つを合体させたものだと思います。ハイブリッド型の図書館というういい方があるのですが、本とデジタル系のデータを上手に組み合わせる。そのためには何が必要かというと、専門職なのです。両方に詳しい司書がいて、市民をサポートする。こういう形の図書館がハイブリッドだと思います。では、本と端末が置いてあって、それでハイブリッドかというと、そうではないのですね。同時に使えるようになっていないといけないのです。今までの図書館は、本があるフロアとそれから端末があるフロアを別に分けて、たとえば二階の端末で調べたものを本で確認したいと思うと、一生懸命一階に下りてこなければいけない。これはハイブリッドじゃないです。インターネットの端末があって、本を並べられる空間があって、両方同時に使える。そしてわからなくなったらちょっと手を上げれば両方に詳しい職員が飛んでくるみたいな、そういうものがハイブリッド図書館だといわれているわけです。

このハイブリッド型図書館の必要性は何のためにあるのかというと、これからの日本というのはよしあしはともかく、自分で情報を集めて自分で判断をして、そして自分で責任を取っていくという社会になってくる。自己責任を取る要件としては、きちんとした判断ができる条件が必要だと思うのです。そうしないとリスクばかり増えるのです。リスクを軽減するために正しい判断をする。そのためには正しい情報が必要十分に市民の手元に入らなければならない。自己判断、自己責任で二〇〇〇年もやってきたアメリカが最後にたどり着いたのは何かというと、図書館を充実させることだったと私は思っています。ですから、銀行の格付け情報だろうが、株式の情報だろうが、求人情報だろうが、とにかく電話一本で教えてくれるというのがアメリカの図書館なのですね。自己判断、自己責任といわれるようになるのであれば、せめてアメリカなみの情報インフラを、日本の社会につくっていかなければいけないと思っています。

好本　本上さん、ハイブリッド図書館ということになっていくと、番組の予習だけではなくていろいろな判断が図書館でできそうですね。

本上　本当にそう思います。やはり自分自身の今まで生きてきて得た知識だけでは到底太刀打ちできないようなことにこれからどんどん直面していくかもしれない。その時にこういった形で手助けになってもらえるような図書館がすぐそばにあると思えるだけでとても安心感があります。

好本　とても心強いですよね。片山さん、先ほど基調講演で、「知的立国を図書館から」ということでお話いただいたのですが、図書館の持つ可能性について、お話いただけますか。

片山　はい、日本は知的立国にならなければいけないし、そのためには教育をしっかりしなければいけない。同時に地域の図書館、これは学校図書館を含めてですが、図書館環境をちゃんと整備しなければいけない。それではわが国の、将来非常に可能性を秘めている図書館環境は現在どうかというと、必ずしも十分ではない。予算にしてもスタッフにしても。それは、それぞれの自治体、設置者としての自治体の一つの見識、ないし不見識の表れだと思うのです。

これはどうやって見識のある自治体になって、図書館環境を充実させるのかということはいろいろあるのですが、それは首長、議会、これが重要ですから、これをちゃんとした人たちを選んでいくという地道な取り組みが必要です。

もう一つ、鳥取県でやっているのは、鳥取県内の市町村がどれだけ図書館に投資をしているのか、資料購入費をどれだけ使っているのか。今財政的には、それぞれの自治体の規模に応じて、これくらい使うことは想定されますとちゃんと地方財政の中で措置されているのです。それを上回って使っているところ、下回ってしか使っていないところがあるのです。それを全部一覧表にして、学校図書館、それから市町村の図書館について、標準的に想定された額、それに対して決算額と対比をして、ちゃんと使っているところ、ねこばばをしているところ、全部一覧表にしてそれを公表しているのです。そうしますと、うちの自治体は、あまり図書館にお金を使っていないな、知の地域づくりをしていないなということがわかる。今こういうことをやっていて、競争心を煽るようなことはあまりよいことではないかも知れませんが、でも、図書館というものをちゃんと大事に思って、それにお金をかけなければいけませんよという一種の励みになるのではないかと思ってやっているのです。そんないろいろな取り組みをそれぞれの地域でされたらよいのではないでしょうか。

好本　糸賀さんは、いろいろな県、地域の図書館を調査なさっていますが、この図書館の持つ可能性についていかがでしょうか。

糸賀　図書館の持つ潜在的な能力といいますか、これを我々はもっと顕在化していく必要があると思います。それを考える際に、ちょっと私の手元にある地方の新聞記事を紹介させてください(「河北新報」二〇〇四年二月二五日)。ここに図書館が出て来て、それが今おっしゃっている図書館の持つ可能性をよく示しているのです。

この新聞記事の見出しは、「普通の主婦、暴力団と戦う」という何やら物騒なタイトルなのです。ところがこの記事を見てみますと、六八歳の女性が自分の一人娘を暴力団抗争の発砲事件の巻き添えで亡くしたというのです。何とかこの娘さんの仇を討ちたいということで、この六八歳の女性の方、考え抜いた末に出た結論が、やはり法律だと、法律が自分の味方になってくれるとお考えになったのです。そして弁護士にいろいろと相談をするのですが、弁護士さんも相手が暴力団というと、皆逃げ腰になってしまう。しょうがなくこの方は図書館に通い詰め、法律書を片っ端から読み始めたというのです。

この女性が、ある日図書館から帰ろうとすると、六人の若者が追いかけてきた。司法試験の勉強で図書館に通う学生たちだという。この女性がはしごをよじ登り、高い棚から分厚い法律書を引っ張り出すのが危なっかしくて見ていられない。一体何をしているのかと尋ねるので事情を話すと、翌日から法律の条文を解説してくれたというのです。結局この女性は、その暴力団の組長の使用者責任を追及する損害賠償訴訟を起こすのです。いろいろと法律を勉強して。結果的にその暴力団から四〇〇〇万円の和解金を得たというのです。この和解金を元に娘さんのお名前がまやさんというのですが、「まや基金」を設けて、暴力団被害者の会を結成したというのです。

こういう力が図書館を利用することで出てくるのですね。つまり、何の組織にも属していない、大きな会社にいるわけでもない、大学にいるわけでもない、普通の一般の市民で組織に属していない方にとって、法律をきちんと勉強しようと思ったら、それはもう図書館に行く他はないのです。

まして、これから裁判員制度というのが始まります。一般の市民の方がある時突然裁判に立ち会わなければいけなくなるのです。そういった時に、自分も法律を勉強しようと思ったときには、地元の身近な図書館に行ってそれができるということなのです。

それからこの記事で見逃してならないことは、そこに法律を勉強する若い学生がいたという点です。そういういろいろな世代の人が図書館で出会うという、世代を超えたコミュニケーションの可能性があるのが図書館なのです。これはまさに図書館が秘めている可能性というものを示した例だろうと思います。もちろんこういう事例が、そう頻繁にいろいろな図書館で起きてもらっては逆に困る面もありますが、でもそういう可能性を十分示していると思います。

ただ私が気になるのは、この六八歳の女性がはしごをよじ登り、高い棚から分厚い法律書を引っ張り出す時に、そこの図書館員は何をやっていたんだろうという気がしますけどね。そこは若干気になります。

図書館を知ってもらう

好本 ありがとうございました。一人でも多くの方に図書館に足を運んでもらいたい。それは図書館運営に携わる方の願いだと思うのですが、ここからは図書館のPRということについて考えてみたいと思います。常世田さんは図書館を運営なさる立場で、図書館のPRの難しさ、そして重要性をいつも感じていらっしゃったと思うのですが、いかがですか。

常世田 正直図書館員というのは、私を見ていただくとおわかりのように、口数が少なくて、地味で、アピールするのが下手で。たとえば、看護師さんたちはナイチンゲールの時代からの伝統で仕事の重要性をアピールして、そして自分たちの地位だとか、権利だとか、労働条件だとかを拡大するということをやっていらっしゃるのですが、どうも図書館員は下手なのです。

先ほどお話ししましたように、地域の経済の活性化に役に立つような情報さえ提供しているのに、図書館がそういう機能を持っているということを、上手にアピールできていないのですね。これがやはり大きな問題だろうと私は思っています。基本的にはよいサービスそのものが最大のPRだと思いますが、しかしそれを上手にアピールするということが必要ですね。

我々は今まで市民によいサービスをしていれば何とかなるのだと思ってきたのです。でもなかなかそうはいかない。市民は図書館のことを本当によく理解してくれてはいます。しかし、図書館の管理をしていたり、図書館にお金を出す立場にいたり、そういう方、つまり権力を持っている方の意識がそれによって即変わるかというと、なかなかそうはいかない。浦安市代々の市長は、図書館は票になるということを見抜いて、図書館に予算をつけてくれていますが普通は、なかなかそうはいかない。やはり私はキーパーソンの方にどう働きかけるかがポイントだと思います。

たとえばアメリカの場合には、アメリカ図書館協会が、議員に対する電話のかけかた、手紙の書き方、メールの書き方のマニュアルを、市民向け、図書館員向けに発行しているのです。議員にどうやって電話すればいいのか、忙しいから結論を先にいえ、とかそういうことが書いてあるのですね。それから四月になると図書館の日というのがあって全米から図書館関係者がワシントンに集まって、上院議員、下院議員のところに出かけて行って、図書館はよい所だから何とかしてくれという。そういうことをやっているのですね。

ヒラリー・クリントンという方のお名前をご存知の方は多いと思いますが、実はついこの前まで、ヒラリー・クリントンは、全米の図書館市民団体の名誉会長をやってました。そのくらい政治にかかわる方が関心を持つくらい、アピールしてきたということだと思うのです。ですから日本も多少それを見習っていかなければならないと思います。

好本　児玉さん、図書館のいろいろなことに市民が力を持っているという今のお話、いかがですか。

児玉　まさに、今日お話をうかがっていてわかってきたことは、やはりトップにどういう人がいるかですよ。本当にそう思います。

好本　それに尽きますか。

児玉　こういうことを申し上げたら恐縮ですが、常世田さんがさっき楽屋で片山知事が図書館の司書のお話しをするのを聞いていて、いわく「おそらく知事の人で、司書っていっても知らない人がたくさんいるのではないか。そういったことが、話の中にちゃんと出てくる方がごく稀有だ」と。ですから、ぼくは片山知事はとても稀有な方なのだと思うのですよ。

変な上官の下についてしまったら兵隊は駄目だという話は昔からありますけれども、やはりいい上官を選ばなければならない。そのためにはサポートする側というものが、やはりよい人を選ばないと、図書も含めすべてね。

だって学校図書館の図書数が足りないという問題で、国がわざわざ予算を組んで、各地方に与えているのに、それをちゃんと生かしているところがとても少ないっていうのですね。ということは、他にみんな使ってしまっているということでしょう。本を買うためにもらっているお金をみんな他に使っているわけですよ。こういうようなことが平気で行われる国というのは、やはり悲しい国ですよ。だから、まず行政のトップによい人を選ばなければ。そうして、よい図書館の館長を選べば、またよい人たちがどんどん集まってくる。今日は本当にそのことを痛感しました。

好本　やはり、図書館のいろいろな夢を実現していくには予算がいりますというお話がありました。いかがですか。

児玉　それをちゃんと認可して、しかも議会もそれを承認して、予算としてもらったお金はちゃんと図書に充てるという、そうすべきであるのにしないのです。とても悲しいと思いました。だから選ぶ方は図書館を盛り立てるために、よい市長、よい区長、知的な知事を選ぶべきですよ。

好本　元のところ。

児玉　そう、元のところ。そこにそういう見識のある人が来たら、ちゃんとしたものになりますよね。そう思ったな。

好本　図書館のPRということなのですけれども、本上さんいかがですか。

本上　そうですね。PR、やはり何かPRは不足しているのではないかなという部分が多少感じますね。堅苦しいものではなくて、本当に「おもしろい本はありますよ」というのをもっと簡単な言葉で優しくアピールしてもらえると大変嬉しいなと思うのですが。それは、何でしょうね、あるお店で夏になって「冷やし中華始めました」みたいな、そういう本当に簡単な「夏だからお化けの本で涼しくなろう」でもいいですし、「冒険小説そろえました」でも何でもいいのですが、「ああ、そうだもうそんな時だな、ちょっと行ってみるか」と思えるような、本当に身近な感覚で思えるようなアピールの方法を何か考えていただけると大変嬉しいです。

好本　糸賀さん、いかがでしょうか。

糸賀　そういうセンスが図書館の人になかなかないというところが悲しいのですが、キャッチコピーだとか、広告を出してPRを盛んにやるということがなかなか馴染み難いのでしょうね。

ただ私は、図書館は図書館なりにもっと世間にアピールする必要がありますから、先ほど申し上げましたように、図書館の職員の顔写真を出すとか、さらに本当は自分の得意な分野、さっき料理の話もありました。あるいは「面白本」という話もありましたよね。自分はSFに関しては詳しいとか、自分は経済学の本についてはぜひ聞いてくださいとかいうことで、自分の持っている能力をアピールする姿勢というのは、司書であっても必要だと思います。

好本　児玉さん「うちの図書館には熱く本について語れる司書がいます」というのもPRですよね。

児玉　そうですよ。ただ本を出したりしまったりする人だけでは借りる方も大変。植物的になりますよね。そこでひとつ目と目のコンタクトで「おもしろいぞ」という顔でもすれば、読む方も違うと思うのですよね。そういうものが何か欲しいなと。そういう人たちを気持ちよく仕事をさせるためには、その上に立つ人たちですよ。どうしてもそこにいくのです。

好本　片山さん、PRということでいかがでしょうか。

片山　私は二つの立場があって、一つは、鳥取県知事としては鳥取県立図書館という県が持っている図書館がありますので、それをぜひ多くの皆さんに利用していただきたい。これは県民の皆さんを中心にですが。やはりせっかく投資をしているものですから、これは今のような財政難の時であっても、毎年予算を延ばしてかなり投資をしています。ですからそれを十分に使っていただきたい。その中から個人個人の能力を高めていく。そして、それがひいては地域の経済に裨益するとか、地域を豊かにする。こういうことになれば、その投資は決して惜しくはないのです。

そうやって皆さんがたくさん利用して活用していただくことが、図書館に対する投資を支えることになるわけです。これは限りあるお金ですから、どこに投資するかというのは選択の問題です。なぜ図書館に投資するのか、という人だっているわけですよね。もっと公共事業に投資した方がいいのではないかという人も現にいるわけです。その中で選択をしながらバランスを取っていくわけですが、その時に図書館をさらに充実させようと思ったら、やはり、力強い県民、市民の皆さんの支えが必要だということですね。

それからもう一つ、私の立場としては、もっと市町村に図書館行政を充実してやっていただきたいという希望があるのです。市町村長さんに働きかけたりするのですが、なかなか市町村もお金がないので、うまくいかないというもどかしさを持っています。その時にもやはりそれは市民の皆さん、住民の皆さんがそれぞれの市町村の議会とか、市町村長さんにちゃんと働きかけていく。今の、わが町の図書館環境の貧しさを見てこんなことでいいのですか、と率直にぶつけていく。図書館が無いところはもちろんですし、あるところでも、もっとスタッフをちゃんと量を増やし、質を高めてくださいと率直にいっていく。それで選挙の時には、図書館の充実に力を尽くしそうな人を選んでいくという、こういう賢明なカスタマーといいますか、賢明な有権者ということがこれから求められるのではないでしょうか。

図書館のキャッチコピーを書くと

好本　ありがとうございました。パネリストの皆さんに貴重なご意見をいただきました。
さて、パネルディスカッションもそろそろ終りの時間が近づいてまいりました。そこで実は今日皆さんに、もしご自分が図書館のことをPRするとしたら、どういうキャッチコピー、広告文になるかを考えてきていただきました。そのキャッチコピーを見せていただきながら、おしまいに図書館への期待を込めてひと言ずつうかがおうと思います。

片山氏のキャッチコピー
住むなら充実した図書館のあるまちに

片山　見えるでしょうか。「住むなら充実した図書館のあるまちに」私は今でもそうですし、いずれ老後を迎えますが、どちらにしてもちゃんとした図書館があって、毎日図書館を楽しむことができる、そういう町に住みたいと思います。

東京に住んでいた時に、実は常世田さんの浦安の図書館を見に行ったことがあるのです。これはすばらしいなと思って、東京にずっといるのなら浦安に住もうかな、ディズニーランドもあるし、と思っていましたけど、今は鳥取県ですから、私は鳥取県の中でどこの市町村が一番充実した図書館があるのか、それを見極めながら、老後の場所は決めたいと思っています。

常世田氏のキャッチコピー
図書館が日本を救う

常世田　私は以前にアメリカのある図書館のポスターを見たことがあります。男の人が頭にピストルを突きつけて自殺をしようとしている絵が描いてあるのですね。その下に「その前に図書館へ」と書いてあるのです。それを見た時に、アメリカの図書館のすごさ、つまり世の中には自殺を踏み止まらせるような情報がきっとある。その情報を自分たちは見つけ出してその人に提供できるのだという、そういう図書館員の自信もうかがわせるようなポスターだったのです。

皆さんご存知のように、日本は今自殺率が世界一位。日中戦争の最初の頃の年間の戦死者数よりも自殺者が多いという時代になってきてしまった。不況ばかりではないと思います。そういう時代に図書館は、もちろん子どもたちに絵本を貸したり、ベストセラーを貸すというのも大切な仕事ですけれども、それだけでいいのかと思います。本当に税金を払っている市民のひとりひとりの抱えている問題を解決するような情報提供をしなければならないと思っております。

でも、皆さんの顔を見ると、自分の家の近くの日本の図書館でそんなことできるのかなというようなお顔をしていらっしゃる。日本の図書館はライト兄弟の飛行機なのです。ライト兄弟の飛行機が飛んだ時に、「あれに人やものを乗せて運んだら便利ではないか」と誰かがいったとしますね。周りの人は何ていったでしょうね。「あんなヒョロヒョロ飛んでいるものにそんなことができるわけがないじゃないか」といったと思うのです。でも、皆さん、今やジャンボ機が飛んで、人ももの飛行機で運んでいるわけですよね。そういう可能性をライト兄弟の飛行機は持っていた。日本の図書館も可能性だけはあるのです。

現にジャンボ級の図書館は、外国では幾つも運営されていますね。今日は欧米の図書館ばかり話がありましたが、韓国では大統領自らが法律をつくって韓国の図書館を整備しようと取り組んでいますし、中国では上海、南京に行きますと、市立図書館なのに、日本の国会図書館と同じ大きさの図書館が運営を始めているのです。ですから、先進国の中では、日本だけがフラフラ飛行しているという感じがするわけで、ぜひその可能性を理解していただいて、その可能性を理解していただく首長さんを選挙で選んでいただきたいと思います。

本上氏のキャッチコピー　本の森で探険しよう

本上　はい、「本の森を探険しよう」。先ほど児玉さんもおっしゃっていましたが、やはりあれだけの本をたくさん集めているというのは宝の山だと思うのです。本当にその宝の山が輝いて見えるか、まだ磨かれていないまま密かに置いてあるかのかとは、大きな違いだと思うのです。森にはたくさん木もあって、花が咲く木もあれば、実もなっている木もあるし、本当にさまざまなものがあって、そこを探険して行くことで自分があまり興味が無かったものでもぱっと目に付いて、「あっ、何だろう、これ」と思って、すぐに手に取って見られる。「えっ、これ知らなかったけど、こういうことだったんだ」と思った経験は私もたくさんあるんですね。

たとえば、本棚をずっと見て歩いている時に、『エジプトのミイラ』と書かれた本があって、エジプトのミイラって、普通過ぎるタイトルなのですが、「ミイラを何だっていうのだろう」と開けてみたら、ミイラのつくり方の本だったんですよ。こうやってつくりますと、絵本仕立てになっていて、「え〜、知らなかった」と思えるようなことがけっこうあったりしたのです。

だから本当に、何か目的を持っていくのではなく、そこを探険することによって、知らなかった知識を得るという喜びは、私は本当に楽しいことだと思っているので、ぜひ皆さんも楽しく通えるような図書館になって欲しいなと思います。

児玉氏のキャッチコピー

生涯の友が待ってるぜ

ここにはすべてがあるぞ　面白本をもっと読もうよ

児玉　何か、片山さん、常世田さん、本上さんの後にこれを付け加えるといいのではないかなと思ったわけではないのですよ。何をお書きになったかまったく知りませんでしたから。ただ、今そう思ったのですが。

本当に本というのは、横にも下にもごちゃごちゃ書き加えててしまったのですが、ぼくにとってすべてなのですよ。いろいろな点で、とにかく「生涯の友、本」なのですね。本には人生のすべてがあって、どんな時にでも、本は癒しであり、励ましであり、勇気づけであり、最良の伴侶であり、友なのです。ですから図書館というのは生涯の友。その友が待っているぞと。さっきの「いつでも来いよ」ではないですけど、このように書かせていただきました。

糸賀氏のキャッチコピー　レファレンスを開架に出そう

糸賀　あまり一般向けではないかも知れませんが、「レファレンスを開架に出そう」というコピーを考えました。

これはどういうことかというと、レファレンス・サービス、さっきも話に出ましたけれども、これがなかなか普及しないというか広がらない。その理由は、貸出しに関しては開架というのがあったのです。開架があって自由に本が使えるから貸出しが伸びたのです。ところがレファレンスには、貸出しの場合の開架にあたるようなものがないのです。つまり「こういうことを聞いてもいいのかな」と利用者の方は不安に思っているのです。

ところが図書館側では、レファレンス質問の記録を保存しています。ところがそれを、図書館職員の間では回して、お互いに「こういう質問が来た時にはこういうふうに答えよう」とあれこれ検討しているのですね。ということは、そのレファレンスの質問は、閉架の書庫に入ったままということになります。それをもっと開架に出してあげることで、一般の利用者の方も、「あっ、こういうことを図書館の方に聞いてもいいのだ」「こんな疑問が図書館で解決できるのだ」ということがわかっていくのです。そういうことをもっとやらないと、日本の場合にはレファレンスは根づきしません。

欧米でレファレンスが普及しているのは、小学校以来、学校教育の中で、「こういうことは図書館で調べるものだ。図書館の司書にこういうことを聞いたら答えてくれる」とずっと叩き込まれています。しかしながら、日本はそれが無いために、なかなか大人になっても図書館でそういうことを調べようという発想が湧いてこないのです。そういう意味で私は日本でレファレンスを定着させようと思ったら、相当努力が必要になると考えています。まず何といっても、レファレンスというこのカタカナをちゃんとした日本語に置き換えなければいけません。どうしてもレファレンスという言葉は浸透しません。

その一方で、レファレンスの質問を、たとえば、料理関係のレファレンスを受けたら、その記録をちゃんと一般の人が読んでもわかるようにしてファイルに閉じて、料理関係の書棚に置いておくのです。そうすると利用者の人は、「こういう質問をして図書館がこんなふうに答えたのだ」ということが見えてきます。

そういうふうに開架に出して、レファレンスの内容を見せてあげることで、多くの人たちに、「こういう疑問は図書館に行って解決できるのだ」「図書館に行けばこんなことも知らせてくれるのだ」ということが見えてきます。

そういう意味で、ぜひ「レファレンスを開架に出そう」、貸出しの場合の開架にあたるようなことをレファレンスについても考えましょうという提案です。


好本　ありがとうございました。

普段の生活の中で図書館について考えるなどということは、今まで皆さん無かったかも知れません。しかし今日は非常に先進的な意欲的な例をご紹介しました。確かに図書館は変わりつつあるようです。そしてまたパネリストの皆さんのお話をうかがう中で、図書館というのはまだまだ可能性を秘めたところなのだということを私は改めて実感いたしました。

そして、その可能性を広げるのは、実は私たち利用者ひとりひとりなのではないでしょうか。図書館に積極的に足を運ぶこと、そして足を運んで声をあげていくことで、図書館はより豊かにそして楽しく、さらに頼りになる夢のあるところになっていくのではないかと思います。

好本氏のキャッチコピー　そうだ、図書館へ行こう

そこで、私のキャッチコピーは、ＪＲのコマーシャルではありませんが、こちらです。

「そうだ、図書館へ行こう」。地域の情報拠点としての図書館に、これからますます私たち

期待をしたいものだと思います。
パネリストの皆さん、本日はいろいろと貴重なお話をありがとうございました。会場の皆さまもありがとうございました。

以上を持ちまして「ディスカバー図書館二〇〇四」のパネルディスカッション「地域の情報拠点としての図書館」を終了いたします。

DISCOVER LIBRARY 2004
巻末資料

1 早わかり日本の公共図書館

図書館／その役割と活動

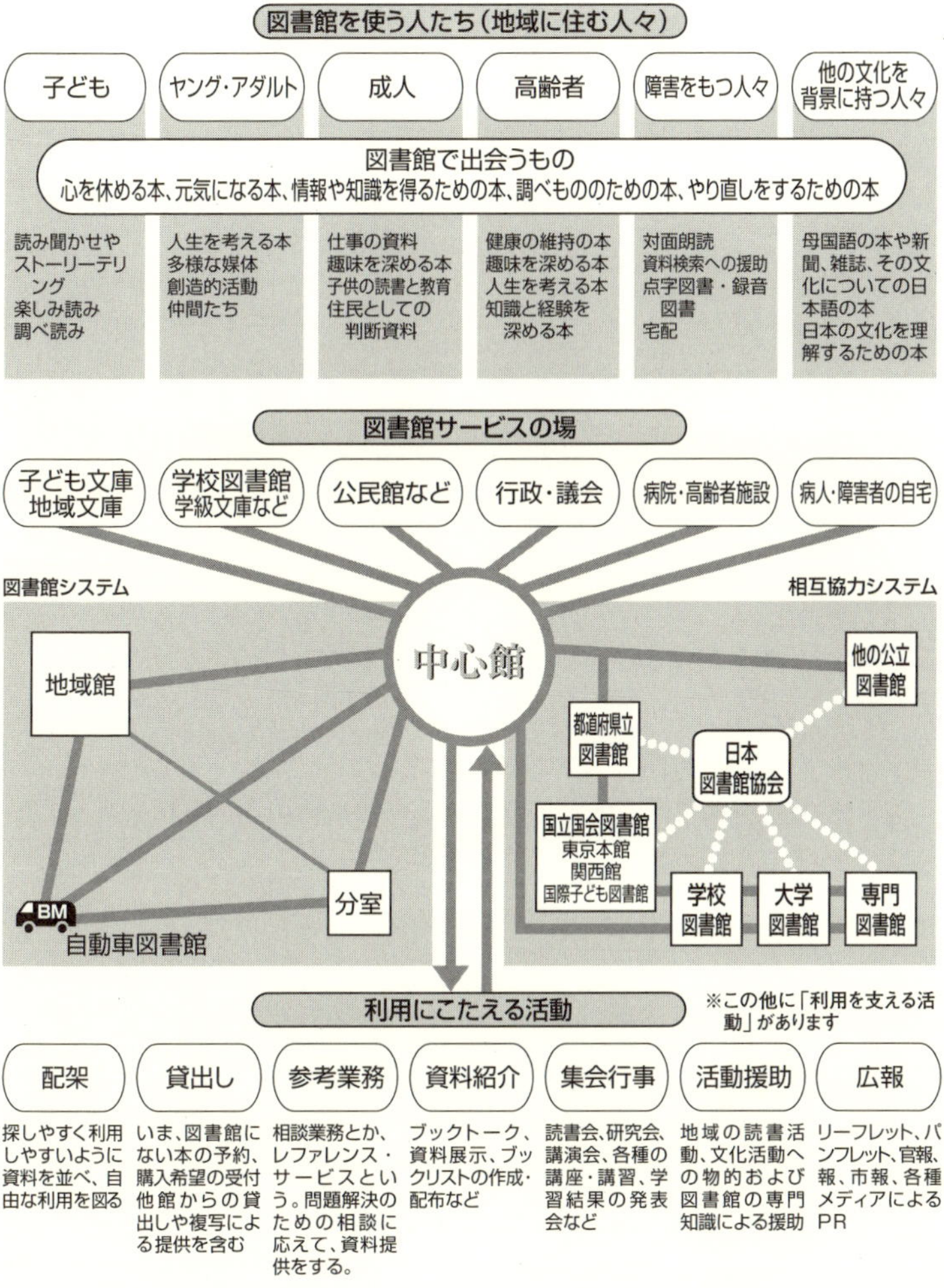
図書館を使う人たち（地域に住む人々）
子ども
ヤング・アダルト
成人
高齢者
障害をもつ人々
他の文化を背景に持つ人々
図書館で出会うもの
心を休める本、元気になる本、情報や知識を得るための本、調べもののための本、やり直しをするための本
読み聞かせやストーリーテリング
楽しみ読み
調べ読み
人生を考える本
多様な媒体
創造的活動
仲間たち
仕事の資料
趣味を深める本
子供の読書と教育
住民としての判断資料
健康の維持の本
趣味を深める本
人生を考える本
知識と経験を深める本
対面朗読
資料検索への援助
点字図書・録音図書
宅配
母国語の本や新聞、雑誌、その文化についての日本語の本
日本の文化を理解するための本
図書館サービスの場
子ども文庫
地域文庫
学校図書館
学級文庫など
公民館など
行政・議会
病院・高齢者施設
病人・障害者の自宅
図書館システム
相互協力システム
中心館
地域館
BM
自動車図書館
分室
他の公立図書館
都道府県立図書館
日本図書館協会
国立国会図書館
東京本館
関西館
国際子ども図書館
学校図書館
大学図書館
専門図書館
利用にこたえる活動
※この他に「利用を支える活動」があります
配架
貸出し
参考業務
資料紹介
集会行事
活動援助
広報
探しやすく利用しやすいように資料を並べ、自由な利用を図る
いま、図書館にない本の予約、購入希望の受付
他館からの貸出しや複写による提供を含む
相談業務とか、レファレンス・サービスという。問題解決のための相談に応えて、資料提供をする。
ブックトーク、資料展示、ブックリストの作成・配布など
読書会、研究会、講演会、各種の講座・講習、学習結果の発表会など
地域の読書活動、文化活動への物的および図書館の専門知識による援助
リーフレット、パンフレット、官報、報、市報、各種メディアによるPR

図書館サービスについて

公立図書館は、それぞれの地域の事情に応じてサービス計画を立てます。そこで一つひとつの図書館は決して同じではありません。それでも図書館としての共通な性格を持っています。そこで一人の利用者が図書館でどんなことに出会うのか、図書館は利用者の要求にどういう仕組みで応えようとするのか、それを図にしたものが左ページです。「図書館で出会うもの」の所では、本だけでなく、同じ関心を持つ人にも出会うことでしょう。また、「利用にこたえる活動」のところは、目に見えるものだけで、これを支える活動があるのは他の機関と同じです。

（図は『日本百科大全書』第17巻「図書館／その役割と活動」〔制作・竹内 悊〕を改訂して掲載。）

住民の求める図書館

各地で「図書館がほしい!」という声があがってから、もう30年以上になります。そして、どんな図書館が必要なのか、それを住民同士で話し合い、文章化して発表するところが次つぎと現れました。ここにあげるのは神奈川県二宮町の例です。それぞれの項目だけでなく、なぜそう考えるのか、という思いを述べていて、この地域に住む人たちの考え方がよく分かります。

私たちの望む図書館
「二宮の新しい図書館づくりを考える会」
1998年10月1日

1. 親しみやすく入りやすい図書館

◆近くを通りかかった子どもたちも、ベビーカーを押している若いお母さんも、サラリーマンも、高齢者も、立ち寄ってみたくなるような開かれた建物であって欲しいと思います。
◆職員の方の暖かい雰囲気が伝わるような図書館であって欲しいと思います。

2. 誰でも自由に利用できる図書館

◆赤ちゃんから高齢者、障害を持った方、誰もが利用しやすいつくりになっていること。また、案内がわかりやすいことを望みます。
◆訪れる一人ひとりの知りたい、学びたいという気持ちに応えるために本や資料が用意されていること。一人ひとりの生き方を応援する図書館であって欲しいと思います。

3. ゆったりとくつろげる図書館

◆日常の雑事や社会的な緊張から離れて、安心して、静かに、好きなだけいられるところであって欲しいと思います。例えば、幼児がお母さんにゆっくり本を読んでもらえる場所、子どもが空想の世界にひたれるようなスペース、ティーンの居場所となるような空間、外の景色をながめながらゆっくり過ごせるくつろぎの場が欲しいと思います。

4. 暮らしに役立つ情報を備えた図書館

◆日々の生活にすぐ役立つ本を求めています。また、集会や行事も暮らしと密着した、今をとらえた企画を望みます。

5. 人を結び、人とともに成長する図書館

◆一人ひとりが持っている情報を持ちより、図書館で新たな情報を得て、それを分かちあうことにより、人と人との出会いや、関わりが生まれることを期待しています。

6. 専任館長、専任司書のいる図書館

◆利用者の相談に応じ、援助してくれること、利用者の要求に答える適切な本があること。使いやすい本の配置であること。これらは、すべて経験を積んだ専任の司書だからできることであると思います。このような専門の職員が十分にいる図書館を望みます。

7. 新鮮な資料(新刊書、雑誌、CD、ビデオなど)を十分にそろえた図書館

◆時代の変化の中で刻々と情報が変わっています。社会情報をとらえた本、新刊の本が豊富に欲しいと思います。今、手にとって読みたい本をそろえて欲しいと思います。

8. ネットワークの充実した図書館

◆住民の求める資料に答えるために、他の図書館とのネットワークや関連施設(博物館、企業など)との連携も必要です。これからは、インターネットによる情報も必要です。

9. サービス網の充実した図書館

◆本館以外にも町内のサービス網の充実を望みます。 移動図書館や、来館が困難な人に宅配も考えられます。住民の手の届くところに本がある状況を望みます。

◆学校、幼稚園、各種施設との連携を深めて欲しいと思います。

10. 地域を支え、地域の状況に合ったサービスをする図書館

◆地域の住民が行っている活動に対し、求められた情報をすばやく提供すると共に活動の記録も収集し、地域の文化として伝える場であって欲しいと思います。

◆郷土資料・行政資料の充実を望みます。

◆二宮独自の地域性(立地条件、ボランティアの活動状況、長寿の里であることなど)を考えたサービスをして欲しいと思います。

◆住民の声を広く聞き、地域の状況に常に敏感な図書館であって欲しいと思います。

このような図書館となるためには、現在の二宮図書館を多くの人が利用し、さまざまな働きかけをすることが、住民のための図書館をつくることにつながると思います。私たちの会も、これからも図書館について考え、提案していきたいと思っています。

1998年6月28日、二宮町公民館にて開催された神奈川の図書館を考える集い'98「二宮町によい図書館をつくろう!」(主催:「神奈川の図書館を考える集い'98」実行委員会・図書館問題研究会神奈川支部 後援:二宮町教育委員会)におけるアピールより。

町村における図書館の設置状況

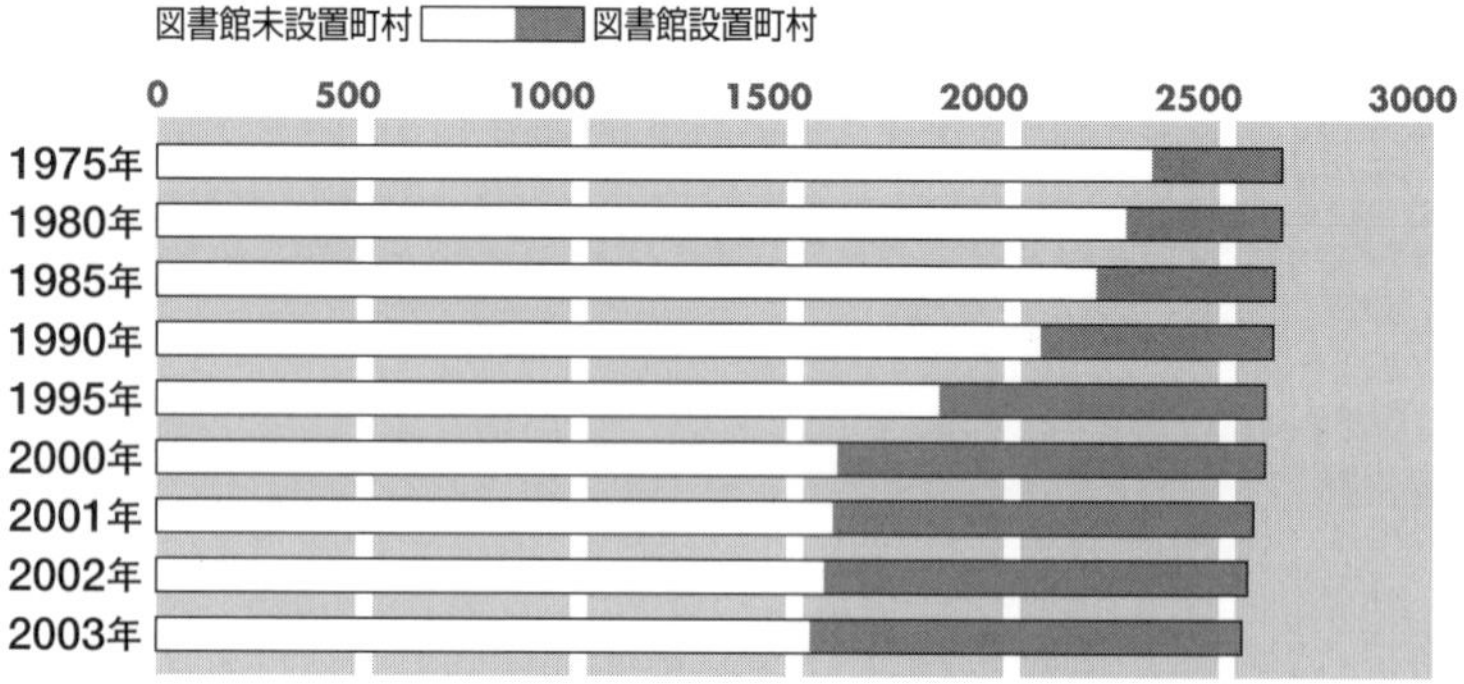

いまだに1500以上の町村には、図書館がありません。自分の住む町や村で図書館サービスを受けられない人たちがたくさんいることも事実です。図書館のない町や村を解消していくことが課題です。

人口10万人あたりの図書館の数

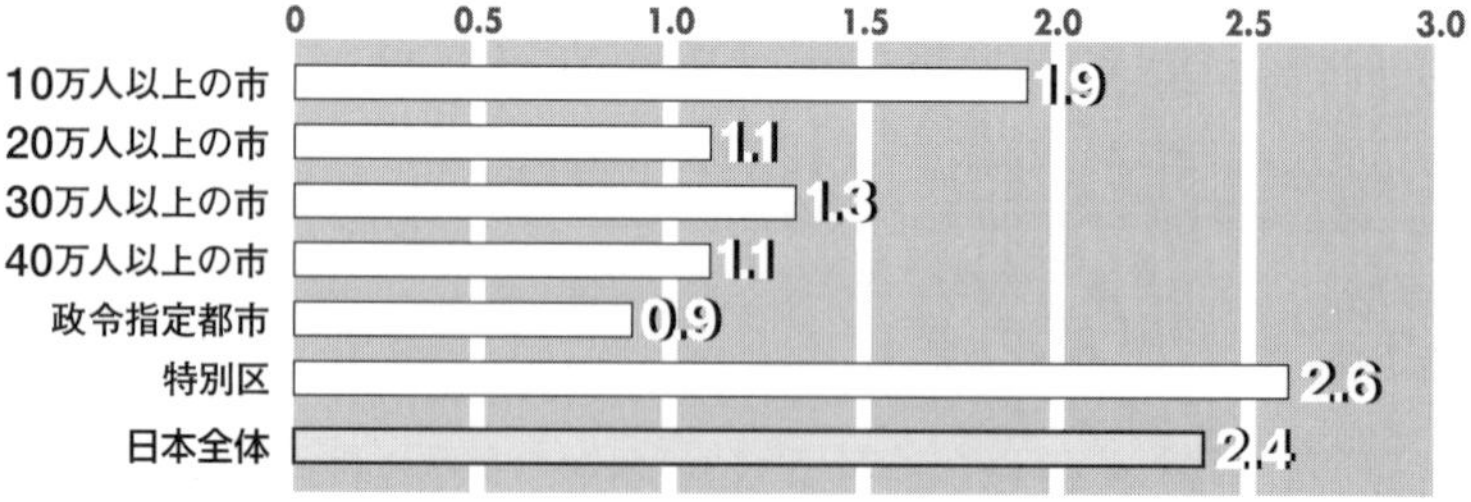

市区ではほぼ100%の自治体に図書館が設置されていますが、その数をみるとまだまだ十分とはいえません。図書館は日常的に利用する施設ですので、身近にあってだれもが利用できるようにすることが必要です。

人口一人あたりの資料費予算額

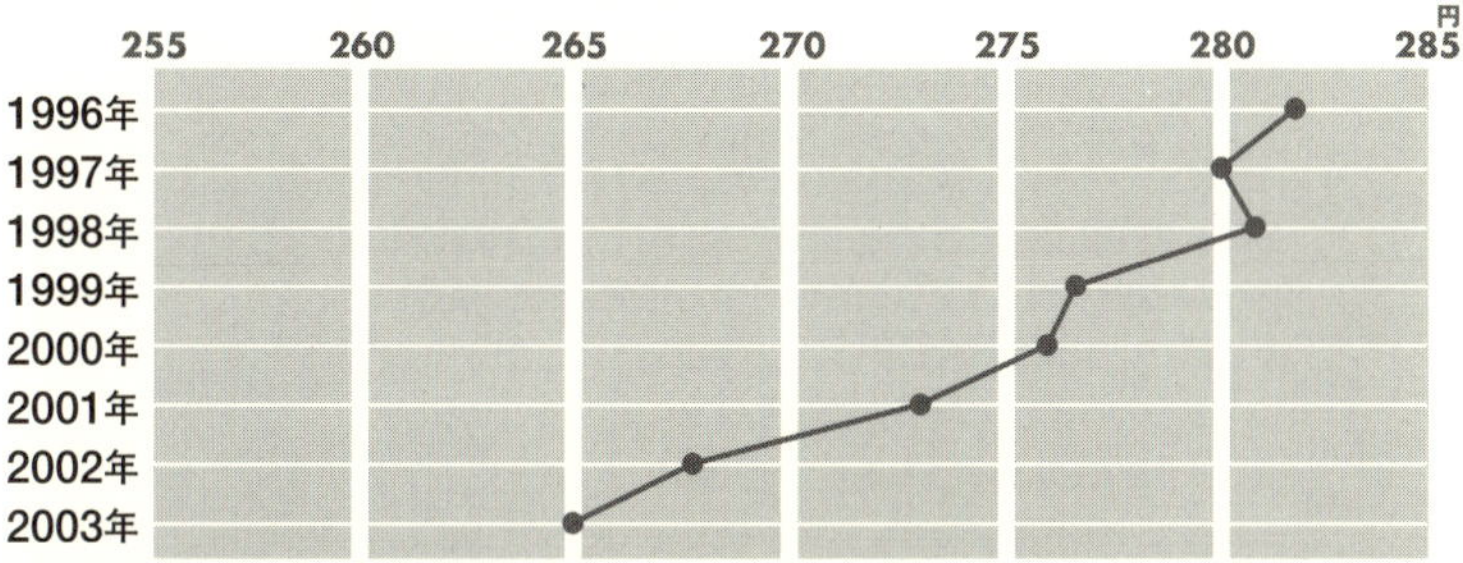

市区町村立図書館の人口一人あたりの資料費は、1998年以降下降しています。利用者からは図書館のサービスを向上させるためには資料の充実が望まれていることは事実ですので、十分な予算の確保は必要なことです。なお、2003年の全公立図書館2735館の資料費総額は334億8300万円ですが、これは日本で出版される書籍雑誌の総販売額2兆3105億円の1.4%に過ぎません。

都道府県立図書館の資料費予算額

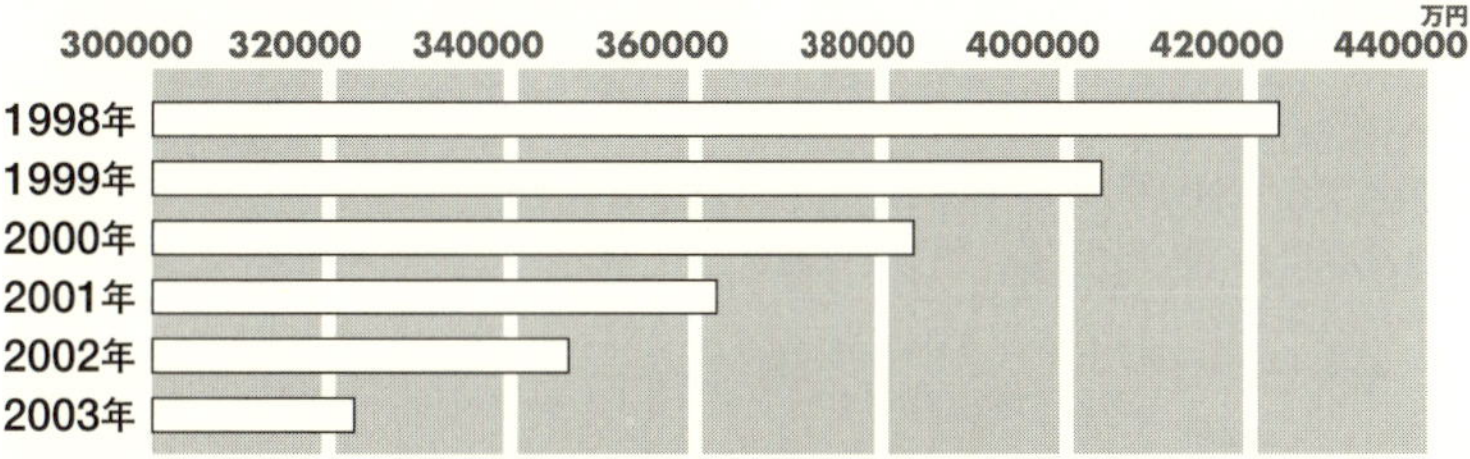

都道府県立図書館には県内にある市区町村図書館への支援協力、保存機能、図書館のない自治体への支援といった役割があります。2002年の書籍の出版点数は7万4千点ですが、現状では1県あたり平均2万点弱の購入冊数になります。市町村立図書館の要求に十分応えられる資料の整備を進めていくためには相応の資料費が必要です。

レファレンス・サービスの現状

レファレンス・サービスは情報を求める利用者に対して、図書館員が提供する個人的援助で、貸出しと並んで図書館サービスの中心となる業務ですが、まだまだ知られていないのが事実です。グラフは富山県の全図書館で実施した来館者調査の結果です。「レファレンス・サービスを利用したことがありますか」の問いに78.4%（3036人）の人が「いいえ」と答えています。そしてその理由をたずねると50%以上（1662人）の人が「サービスを知らない」と答えています。図書館がもっと工夫や努力を重ねてレファレンス・サービスを広げることが必要です。

出典：『いま、とやまの図書館は　富山県公立図書館実態調査報告書』富山県図書館協会 1997年3月

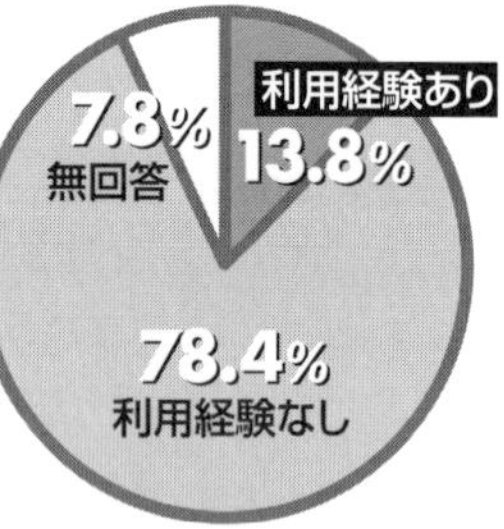

新規採用で図書館に配属された職員に占める司書有資格者と司書教諭の割合

人口10万人以上の市立図書館、政令市および特別区図書館、都道府県立図書館に新規採用で配属された専任職員の数は161人で、うち司書有資格者は81人、司書教諭は9人でした。また、資格を採用の要件として募集して、なおかつ司書として発令されているのが、わずか31人という状況でした。

出典：「日本図書館協会図書館学教育部会〔司書資格取得者の就職状況等に関する調査〕についての報告」『図書館学教育部会会報第67号』2003年9月

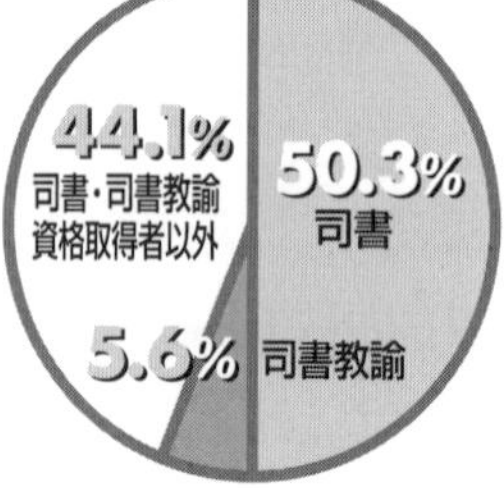

（出典のないものは『日本の図書館』各年版による）

2 アンケート集計結果

文部科学省と社団法人日本図書館協会との共催による「ディスカバー図書館2004」開催当日、参加者全員に配布されたアンケートの集計結果です。

集計：文部科学省生涯学習政策局社会教育課

参加者数：**964**名　アンケート回収数：**458**名　アンケート回収率：**47.5%**

●性別

男性	40%
女性	60%

●年齢構成

19歳以下	7%
20歳～29歳	20%
30歳～39歳	14%
40歳～49歳	21%
50歳～64歳	30%
65歳以上	8%

●職種等

図書館職員	34%
図書館協議会委員	2%
教育委員会	2%
首長部局	1%
出版・書店	4%
教員	6%
会社員	12%
学生	10%
主婦	7%
その他	16%

●図書館の利用頻度

週1回以上	60%
月に1回程度	30%
年に数回	8%
利用していない	2%

●図書館ボランティアについて

現在している	12%
経験有り	12%
経験はないが希望	66%
関心なし	10%

●このイベントの開催について

毎年するべき	87%	
数年に一度	13%	
必要なし	0%	

(50%　100%)

●あなたが、このイベントに参加しようと思ったプログラム内容は何ですか

基調講演	31%
事例報告	27%
パネルディスカッション	42%

●あなたが、このイベントに関心をもった理由は何ですか

出演者が魅力的	32%
最新動向を知る	34%
勉強のため	29%
知人の推薦	2%
その他	3%

●内容・テーマなどプログラムは適切であったと思いますか

非常に適切	55%
まあ適切	44%
余り適切ではない	1%
全く適切ではない	0%

●このイベントを何で知りましたか

チラシ・ポスター	23%
教育委員会・図書館からの案内	9%
ホームページ	8%
メールマガジン	11%
新聞	25%
雑誌	2%
知人の紹介	9%
図書館学の教員から	10%
その他	3%

●パネルディスカッションのテーマやパネリストは適切であったと思いますか

非常に適切	60%
まあ適切	36%
余り適切ではない	3%
全く適切ではない	1%

●「ディスカバー図書館2004」に参加して、いかがでしたか

非常に満足	61%
まあ満足	36%
多少不満	3%
不満	0%

DISCOVER LIBRARY

ディスカバー図書館2004

「図書館振興の月」ポスター（1999年～2004年）

２００４年5月２９日（土）
明治大学アカデミーコモン
アカデミーホール

主催：　文部科学省　http://www.mext.go.jp/
（社）日本図書館協会 http://www.jla.or.jp/

後援：東京都教育委員会、明治大学、全国公共図書館協議会、
子どもの読書推進会議、（社）読書推進運動協議会、
（社）全国学校図書館協議会、（社）日本書籍出版協会、
（社）日本出版取次協会、日本書店商業組合連合会、
ビジネス支援図書館推進協議会、活字文化推進会議、読売新聞社

当日配布されたプログラムの表紙と日程。なお、この模様は、前半（あいさつ、基調講演、事例報告）を8月の毎水曜日エル・ネット、後半（パネルディスカッション）を7月4日（日）NHK教育テレビ（全国放送、文字放送）でそれぞれ放映された。

○来場のみなさまへ

皆様は、図書館にどのようなイメージをお持ちでしょうか。 本の貸し出しを受けるところ、学生の頃によく通ったところなど各々様々だと思います。最近では、インターネットを活用した図書資料の検索・予約システムを導入している図書館が増えています。さらには、単なる図書の貸し出しにとどまらず、子どもの読書支援、子育て支援、ビジネス情報の提供など、地域が抱える様々な課題の解決を図る新しい取り組みが見られるなど、図書館は社会の進展に対応し、進化しています。

「ディスカバー図書館２００４」は、文部科学省と（社）日本図書館協会が共催で行う図書館振興のための我が国初のイベントです。みなさまにとって、新しい図書館の可能性を発見するためのきっかけになることを願っております。

○プログラム

12時30分　開　場

13時30分　あいさつ　御手洗　康　文部科学事務次官
長尾　眞（社）日本図書館協会会長　前京都大学総長

13時40分　基調講演「知的立国を図書館から」
鳥取県知事　片山善博

14時10分　事例報告「進化するニューヨーク公共図書館」
ジャーナリスト　菅谷明子

14時35分　休　憩

14時50分　パネルディスカッション
テーマ　「地域の情報拠点としての図書館」
パネリスト　○片山善博（鳥取県知事）
○児玉清（俳優）
○本上まなみ（女優）
○常世田良（浦安市教育委員会）
○糸賀雅児（慶應義塾大学教授）
コーディネータ　○好本　惠（フリーアナウンサー）

※なお、ホール前にて「図書館振興の月」ポスター展も開催しています。

（制作:文部科学省）

ディスカバー図書館2004
図書館をもっと身近に暮らしの中に

2004年10月27日発行

編　集　日本図書館協会

発行者　社団法人 日本図書館協会
〒104-0033 東京都中央区新川1-11-14
TEL. 03-3523-0811 FAX.03-3523-0841
http://www.jla.or.jp

定価：本体1,200円（税別）

ISBN4-8204-0434-2 C0000 ¥1200E

印刷　船舶印刷株式会社
ブックデザイン・イラスト　藤田莞爾

JLA 200435

EYE LOVE EYE

視覚障害その他の理由で活字のままでこの本を利用できない人のために、
日本図書館協会および著者に届け出ることを条件に、
音声訳（録音図書）および拡大写本、電子図書（パソコンなどを利用して読む図書）
の制作を認めます。ただし、営利を目的とする場合を除きます。

乱丁・落丁本はお取り替えいたします。
本文の用紙は中性紙を使用しています。

Printed in Japan

わたしたちは、

日本図書館協会

図書館の発展によって社会に貢献しようとする公益法人です。

今や低成長時代という言葉が定着したかに見える中でも、着実に増え続けている図書館。それは人々が生活する上で、図書館が必要不可欠であるという認識が広まっているからではないでしょうか。図書館はあらゆる人のためにあります。しかし、すべての利用者に信頼され満足してもらえるサービスを提供するには、ひとつの図書館の努力だけでは十分とはいえません。身近な図書館にとどまらず、国や教育・研究機関などのあらゆる図書館と関係機関が、枠組にとらわれず連携することによって、より良いサービスを実現することができるのです。

日本図書館協会（日図協）では、こうした図書館像を理想として全国の図書館員と協力しあい、それぞれの図書館の長所を生かして、より高度な専門技術を磨いています。そして、その成果を利用者に還元していく努力をしています。全国の図書館員と図書館関係者が日図協に集まり、これからの図書館の発展をめざした活動を行う……わたしてちの活動は、図書館をより生活に役立つものとして確立させる力となっているのです。

02年度の図書館記念日・図書館振興の月のスター

市立図書館の外観と閲覧室

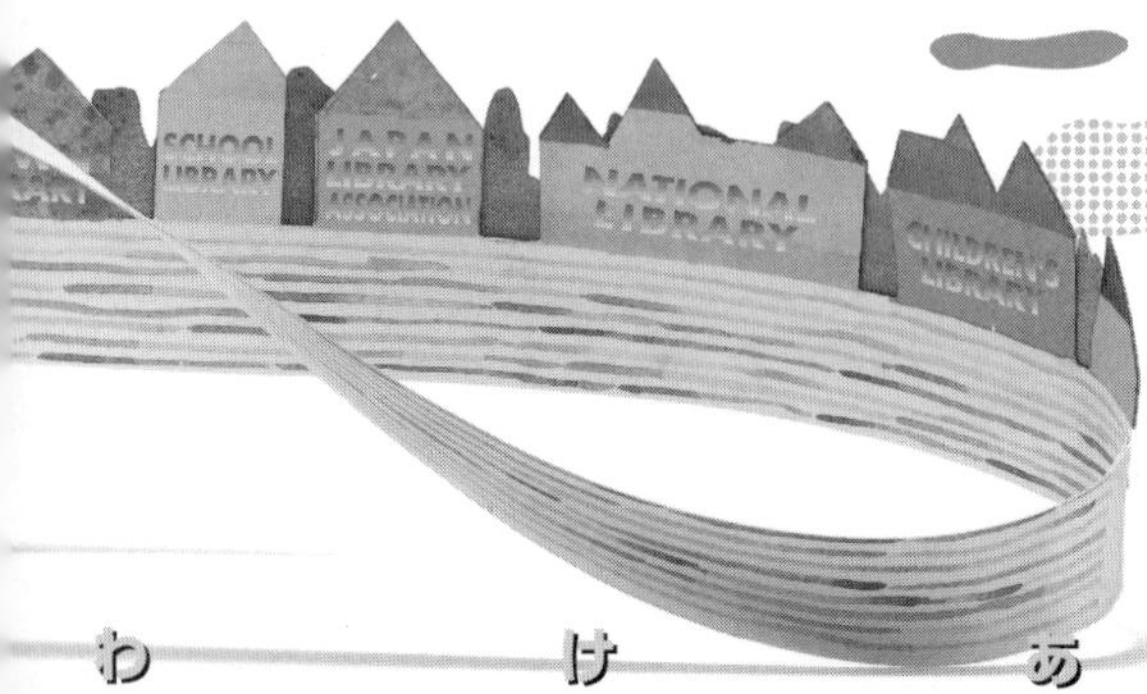

社団法人 日本図書館協会
JAPAN LIBRARY ASSOCIATION

わ　け　あ　い

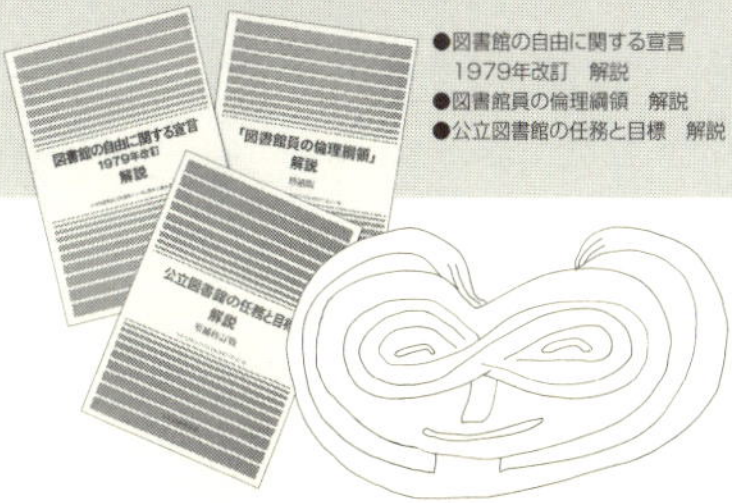

●図書館の自由に関する宣言
　1979年改訂　解説
●図書館員の倫理綱領　解説
●公立図書館の任務と目標　解説

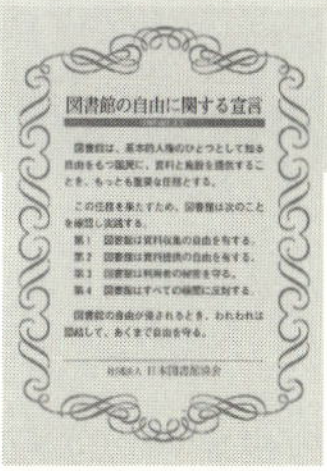

「図書館の自由に関する宣言」ポスター

第87回全国図書館大会（岐阜）開会式

図書館界の意見と力を結集する全国図書館大会。

一九〇六（明治三九）年に第一回の大会が開かれ、二〇〇四年には九〇回目を迎える全国図書館大会。全国各地から、あらゆる館種の図書館員、図書館関係者が一堂に集まり、毎年各県持ち回りで開催しています。どんな図書館が利用者にとって使いやすいのかなどをめぐって、その時々に起きた問題を討議し、図書館界の意見と力を結集して現場に還元していきます。また、図書館の任務を明らかにしながら、図書館に対する社会の認識を高める努力をしています。

図書館の、社会的使命を果たすための組織です。

図書館は基本的人権の一つとして"知る自由"を持つ国民に、豊富な資料と施設を提供することを最も重要な任務としています。わたしたちは、それをはっきりと「図書館の自由に関する宣言」（一九五九年、一九七九年改訂、日図協総会採択）のなかで表明しています。そして、その社会的責任を自覚し、自らの職責を遂行するためのガイドラインとして「図書館員の倫理綱領」を制定しました。図書館員は、この二つを重要な規範として業務に従事しています。

司書の専門性の向上に努め、サービスの充実を図ります。

目まぐるしく変化している情報化社会の中で、人々は自立して自己決定をしなければなりません。そこで一人ひとりの利用者に対し、その人が必要とする情報や知識、気持ちの安らぎなどを的確に提供しようと努力するのが司書の役目です。そのためにも、図書館員の能力を高めることが必要です。日図協では、ステップアップ研修や児童図書館員養成講座などを開催し、新しい情報や知識を得られるよう現場を支援しています。さらに、高度な専門性を育てるための制度や名称の新設も検討しています。

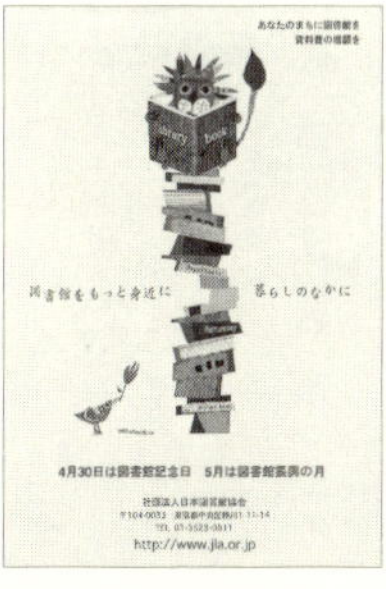

図書館記念日（ご存じですか？）

4月30日は「図書館記念日」です。1950年4月30日の図書館法公布を記念して1971年、日本図書館協会が定めました。これに続く5月を「図書館振興の月」としているのです。毎年、全国各地で図書館振興のための催しが行われています。日本図書館協会では、図書館を振興するためのポスターの制作や、各地の行事を支援するなど、プロモーション活動を行っています。（写真は2003年度図書館記念日・図書館振興の月のポスター）